Reinhard Baumgart

Wahnfried
Bilder einer Ehe

Carl Hanser Verlag

ISBN 3-446-14310-6

Umschlag: Klaus Detjen
Foto von Herbert Borner, Luzern:
Blick vom Wagner-Haus auf
Vierwaldstättersee und Bürgenstock
(Richard Wagner Museum, Luzern-Tribschen)
Satz: LibroSatz, Kriftel/Taunus
Druck und Bindung: Mühlberger, Augsburg
Printed in Germany

Erster Teil
Das Haus am See

Im Landhaus (Tribschen). Tag. Sehr hell.

Die beiden Flügel der Tür zur Eingangshalle werden von außen aufgestoßen. Eins nach dem andern erscheinen in der Halle zunächst vier Kinder in Reisekleidung: Daniela (etwa zehn Jahre alt), Blandine (etwa sechs), Isolde (über vier) und Eva (gut zwei).
Erst jetzt tritt in einer weiten Reisepelerine Cosima auf und beginnt, nach einem kurzen flüchtigen Blick auf die stumm erstarrte Kindergruppe, ihren hastigen suchenden Lauf durch alle Räume des Parterres, die alle menschenleer sind, durch das Entree, das Gästezimmer, das Teezimmer, den Salon, die Galerie, die Bibliothek.
Einige Türen stehen schon offen, andere stößt die Frau in ihrem Sturmlauf auf, um sie hinter sich nicht mehr zu schließen.
Im Salon bleibt sie kurz, wie in Trance, vor einem noch nicht abgedeckten Kaffeegeschirr stehen.
Als sie dann weiterhastet, beginnt sich auf ihren Lippen zum erstenmal und zunächst noch lautlos ein Name zu bilden.

Cosima
Richard. Richard!

In der Galerie nimmt sie einen Brief von einem Tisch auf und versucht, kurz und kurzsichtig, die Anschrift zu entziffern, was ihr offenbar nicht gelingt. Sie nimmt ihn, weiterhastend, mit.

Cosima
Richard. Richard!

In der Bibliothek bleibt sie jäh stehen und reißt den Briefumschlag auf. Der Umschlag fällt zu Boden, während Cosima mühsam den Brief zu lesen beginnt, nur drei oder vier Sekunden lang, dann läßt sie auch den Briefbogen achtlos fallen, läuft weiter und erreicht durch eine heftig aufgestoßene Tür wieder die Eingangshalle.

In der Halle stehen immer noch stumm und erstarrt die vier Kinder.
Mit der Rechten und der Linken streicht Cosima den beiden Kleinen, Isolde und Eva, einmal kurz über das Haar.
Dann stürzt sie die dunkle Holztreppe aufwärts ins obere Stockwerk. Der Name auf ihren Lippen ist nun schon hörbarer geworden.

COSIMA
Richard! Richard.

Kurz vor dem Ende der Treppe bleibt sie mit dem Schuh in der Reisepelerine hängen, fällt kopfüber, stützt sich aber geschickt noch ab.
Sie richtet sich auf, befreit kühl, besonnen, energisch den Stiefelabsatz aus dem Mantelsaum, blickt lächelnd hinunter auf die Kindergruppe, reißt sich dann mit einem einzigen Schwung die Pelerine von den Schultern und stürzt weiter die Treppe aufwärts.

COSIMA
Richard. Richard. Richard.

Sie dringt wieder in ein Entree, durchläuft dann ihr eigenes Schlafzimmer, ein Ankleidezimmer, in dem ihre Schritte endlich langsamer werden.
Sie öffnet sacht die Tür zum nächsten Raum, einem weiteren, mit düsterem Pomp ausgestatteten Schlafzimmer, das sie sehr langsam, fast schleppend durchquert. Cosima erreicht die letzte Tür, umfaßt behutsam mit beiden Händen die schwere Klinke und sinkt sehr leicht, sehr geübt auf ihre Knie.
Während sie niedersinkt, hört man durch die Tür in die Höhe steigende Akkorde, zweihändig aufs Klavier geworfen, Motive aus dem dritten Siegfried-Akt: Brünnhildes Erwachen.
Cosima lächelt, triumphierend, verklärt.

Arbeitszimmer. Tag. Dämmerlicht.

Die schwere Klinke sinkt, die Tür öffnet sich langsam nach innen und teilt eine rote Portière.
In der offenen Tür kniet Cosima, die sehr langsam die beiden Hände von der Klinke sinken läßt, um sie dann strahlend auszubreiten und auf Knien rutschend in den nur dämmerig, durch halbgeschlossene Vorhänge beleuchteten Raum vorzudringen.
Plötzlich bricht die Musik ab.
In der Mitte des Raumes sind sich Wagner und Cosima begegnet: er steht vor, über der Knienden, die energisch seine Beinkleider umklammert und seine Stiefel zu küssen versucht.
Doch er zieht die erst noch Widerstrebende zu sich hoch, um nun vor ihr in die Knie zu sinken. Seinen Kopf wühlt er in ihre dunklen Kleiderfalten.
Die Lippen der beiden bilden während dieser leidenschaftlichen Zeremonie Silben, die nicht mehr verständlich sind.
Immer ruhiger, schwer, aber gleichmäßig atmend, steht die junge Frau über dem ekstatischen, kleinen, älteren Herrn ihr zu Füßen, dem sie, schon mehr routiniert als zärtlich, durchs Haar fährt, wobei sie sich mit ruhigem Triumph in seinem Arbeitszimmer umblickt, dem Arbeitszimmer eines Komponisten, mit Stutzflügel, Noten, Folianten, Tinten, Briefschaften und auffallend vielen (Parfum-)Fläschchen.

Cosima
Ja, diesmal werde ich bleiben. Für immer. Diesmal für immer.
Bis zum Tode.

Sie löst sich von ihm und geht prüfend und mit einigen Handgriffen ordnend durch den Raum.

Cosima
O Richard. Richard.
Mit etwas mehr Ordnung könnte das Leben doch viel leichter sein. Das Leben und die Arbeit.

Sie hat mit einem Ruck den Vorhang vor einem Fenster zurückgezogen und schaut hinunter:
Auf dem Kies vor dem Eingang zum Haus stehen die vier Kinder nun in einer steifen Gruppe mit dem Diener Jakob und dem Hausmädchen Vreneli. Nur Daniela blickt einmal kurz und ernst nach oben zu Cosima am Fenster.

Cosima
Hattest du etwa Ärger?
Mit dem Personal?

Wagner erhebt sich erst jetzt von den Knien, erstaunlich mühsam.

Wagner
Ich kann mich an überhaupt nichts mehr erinnern.
An keinen Ärger. An nichts.
Wenn du wieder da bist, ist die ganze übrige Welt – untergegangen!
Cosima
Und die Arbeit?
Wagner
Wozu denn arbeiten, solange du da bist?!
Cosima
Damit ich dableibe, Richard.

Cosimas Schreibtisch. Abends.

An ihrem Schreibtisch, neben einem Fenster mit Ausblick über die Wiese neben dem Haus, überprüft Cosima ihre täglichen Notizen. Über dem Schreibtisch hängt ein Spiegel, in den sie ab und zu aufblickt.
Sie liest halblaut, mit teils feierlicher, teils nachdenklicher Betonung und verbessert auch hier und da Zeichensetzung und Orthografie.

Cosima
Damit ich da bleibe, sagte ich ihm, müsse er arbeiten: damit ich dableiben *darf*.
Denn die Sünde, in der ich seit Jahren lebe und nun weiterleben will und muß – meine Trennung von Hans, der Verrat an ihm und den Kindern –, diese Sünde kann nur durch Richards Arbeit, seine Liebe, seine Musik wieder gutgemacht werden.
Auf mich kommt es nicht mehr an in diesem Leben, sondern – sondern nur –

Cosima sieht sich im Spiegel an und lächelt, demütig und triumphierend: Cosimas Lächeln.

Cosimas Stimme
Du bist mein Weltuntergang – hat er gesagt.

Teezimmer. Tag. Sehr hell.

An diesem Morgen nach der feierlichen Ankunft Cosimas ist ausnahmsweise auch für die vier Kinder mitgedeckt worden. Entsprechend sieht der Tisch aus: »Mansch und Pansch«.
Wagner sitzt neben dem riesigen Neufundländer Ruß bei den

drei Ältesten am Tisch, während Cosima mit Eva auf dem Arm unruhig und ungeduldig auf und ab geht.

WAGNER
Die Tiere, die Menschen, die Bäume sind alle eine einzige große Familie, Friedensfamilie.
BLANDINE
Und wie hieß dein Hund, damals?
WAGNER
Robber. Er war groß und schwarz und ein Neufundländer wie Ruß. Aber er hieß Robber.
Ein Kuß für Ruß.

Er drückt dem Neufundländer einen feuchten Schmatz auf die Schnauze.

DANIELA
Aber warum ist er dir weggelaufen, der Robber?
WAGNER
Weil er Hunger hatte. Wir haben alle gehungert, damals in Paris. Also ist Robber eines Morgens aufgebrochen, um sich selbst ein Frühstück zu suchen.
Aber: ich habe ihn wiedergesehen. Monate später stand er wieder vor unserer Tür, an einem Nebeltag. Ich bin auf ihn zugegangen, vorsichtig, einen Schritt, zwei – da ist er vier Schritte zurückgewichen, in den Nebel.
Ich habe ihn gerufen, ganz leise, freundlich: Robber! und er hat auch die Ohren bewegt, im Nebel, aber als ich dann auf ihn zuging, da ist er weggerannt. Verschwunden.
Er dachte, ich würde ihn verprügeln, fürs Weglaufen.
DANIELA
Und? Hast du ihn denn verprügelt?
WAGNER
Eine, zwei Stunden lang bin ich ihm nachgelaufen, durch ganz Paris. Immer wieder ist er aufgetaucht, im Nebel, immer wieder verschwunden. Ja und dann hab ich ihn endgültig verloren und auf der Straße zu heulen begonnen, im Nebel.

Er drückt dem Neufundländer wieder einen Schmatz auf die Schnauze.

COSIMA
Richard!

WAGNER
Deswegen gründen wir alle hier eine Friedensfamilie: die Kinder, die Hunde, die Vögel und die Mama – niemand wird mehr weggelassen. Ich schwör's bei diesem wunderbaren Kakao: Mit Liebe oder mit Gewalt behalt ich euch alle hier.

Er hat eine Kakaotasse mit großer Gebärde zu einem Toast hochgehoben und trinkt feierlich aus.

DANIELA
Das war mein Kakao, Onkel Richard.

BLANDINE
Und unser Papa? Darf der auch wieder hier wohnen?

COSIMA
Ihr werdet dem Papa Briefe schreiben, und er wird euch Briefe schreiben. Und er wird euch auch besuchen, sooft er kann.

BLANDINE
Wann?

WAGNER
Denn er soll ruhig sehen, was für eine glückliche Familie wir sind.
Hier, Lusch, hier ist neuer Kakao.

Er hat Danielas Tasse wieder vollgeschenkt, nimmt eine andere Tasse und will mit ihr anstoßen.

WAGNER
Und sag bitte nicht wieder, Lusch, sag bitte nicht gleich wieder, daß wir ja gar keine glückliche Familie sein können, weil Mama und ich ja überhaupt nicht verheiratet sind, denn, Lusch –

Er trinkt aus der Tasse.
Plötzlich fängt Isolde zu heulen an.

DANIELA
Jetzt hast du Isoldes Kakao ausgetrunken, Onkel Richard.

Die Holztreppe in der Eingangshalle. Tag.

Wagner stürmt wütend und hastig nach oben. Cosima versucht ihm zu folgen.

WAGNER
Es sind: Kinder!
Deine Kinder!
Aber sie reden wie die Bonzen des Kapitals: Mein Kakao – Dein Kakao – Sein Kakao – wie kommt dieses Denken in Kinderköpfe?! Mein Haus! Mein Vater! Mein Gott! Das halte ich nicht aus, ich nicht. Man verschone mich.

Eine Tür fällt krachend ins Schloß. Cosima steht allein auf der Treppe.

Cosimas Schreibtisch. Abends.

Aus der Ferne hört man wieder auf einem Klavier Motive zu Brünnhildes Erwachen, stockend, neue Klangmischungen ausprobierend.
Cosima beugt sich wieder, überlesend und korrigierend, über ihre Tagesnotizen.

COSIMA
Er kann sehr ungerecht sein und er *ist* oft ungerecht. Aber ich werde mich gegen solche Ungerechtigkeiten nie auflehnen.

Ich bin schuldig geworden und ich büße. Jedes Leiden ist recht und gerecht und ist willkommen.
Was mich eher erschreckt, tagtäglich: Wieviel Glück mir immer noch beschert wird. Denn womit hätte ich *das* verdient?

Sie blickt prüfend, ernst in den Spiegel.

Kinderzimmer. Tag.

Daniela sitzt am Tisch vor einem Bauer mit Singvögeln. Cosima geht mit einem Lehrbuch auf und ab.

COSIMA
Nun? Nun?
Du träumst wieder, Daniela.
DANIELA
Nein.
COSIMA
Ich habe dich etwas gefragt: Wie hoch ist der –
DANIELA *sehr laut*
Po-Po-katepettl!
COSIMA *bemüht ruhig*
Ja, den Namen hast du dir nun endlich gemerkt. Wie hoch –
DANIELA *schreit*
Fünftausendvierhundertund–
COSIMA
Lulu. Ich habe dich gebeten, heute ganz besonders leise zu sein. Oder willst du Onkel Richard bei der Kompositionsarbeit unbedingt stören?
DANIELA
Ich mag aber zu seinem Geburtstag meine Vögel nicht frei lassen!

COSIMA
Niemand wird dich dazu zwingen. Ich habe dir nur gesagt, daß wir Onkel Richard eine große Freude machen, wenn du alle deine Singvögel frei in den Frühling fliegen läßt.
DANIELA
Aber wozu hat er sie mir dann überhaupt geschenkt? Es sind doch jetzt *meine* Vögel.
COSIMA
Ich glaube, niemand darf einen Vogel besitzen.
DANIELA
Dann möchte ich Papa darüber schreiben.
COSIMA
Du darfst immer an deinen Vater schreiben. Nachher.
Die Fragestunde ist noch nicht zu Ende. Also – wie hoch –

Cosimas Schreibtisch. Tag.

Cosima schaut in den Spiegel.
Sie preßt die Lippen zusammen, schließt dann die Augen.
Langsam öffnen sich die Lippen wieder, dann auch die Augen.
Man hört im Hintergrund eine Tür aufgehen.
Cosima lächelt.

COSIMA
Ich wußte, daß du kommst, Richard. Ich habe mir's sehr stark gewünscht, daß du kommst.
Ich habe dich wieder fluchen gehört, heute nacht.

Sie wartet auf sein Erscheinen im Spiegel, vergeblich. Nun wendet sie sich um: die Tür steht offen, niemand ist eingetreten.

Arbeitszimmer. Tag. Dämmerlicht.

Wagner sitzt an seinem Stutzflügel. Cosima ist eingetreten.

WAGNER
Hast du mir heimlich zugehört, beim Komponieren?
Es war erbärmlich.

COSIMA
Nein.

WAGNER
Erbärmlich. Du bist zu spät zu mir gekommen, Cosima, zehn Jahre zu spät.

COSIMA
Ich habe dich leider fluchen hören, heute nacht.

WAGNER
Ich habe wieder einmal mein Glück verflucht, weil es zehn Jahre zu spät gekommen ist. Jetzt fehlt mir jede Lust zu arbeiten, vor Glück.
Du hast die Welt erlöst von Richard Wagner, und die ganze Welt wird sich dafür bedanken.
Das hörst du nicht gern?

COSIMA
Weil du nicht meinst, was du sagst.

WAGNER
Das weißt du so genau?

COSIMA
Ja.

WAGNER
Aber mir fällt ja kein Ton mehr ein, vor Glück.

Plötzlich spielt er mit donnernden Akkorden: Brünnhildes Erwachen.
Die Tür mit der schweren Klinke schließt sich langsam, die rote Portière fällt zurück. Cosima ist gegangen.

Die Wiese neben dem Haus. Tag.

Daniela und Cosima stehen vor dem auf einem Tisch abgestellten Käfig mit Danielas Singvögeln.
Daniela deklamiert stockend einen Gedichttext, den Cosima auf einem Blatt Papier vor sich hält.

DANIELA
Liebe Vöglein, flieget fort,
gedenket mein am freien Ort.
Zu mir kommt wieder,
fällt Schnee her– heißt es: hernieder?
COSIMA
Ja: fällt Schnee hernieder.
Noch einmal.
DANIELA
Und bleibt ihr fort,
so lebet wohl –
COSIMA
Nein. Encore une fois. Répétition! Zu mir kommt wieder –

Plötzlich schlägt Cosima dem Kind leicht mit dem Blatt auf den Mund und weist nach oben auf ein Fenster des Hauses: An einem offenen Fenster steht lächelnd Wagner.
Er hält sich erst beide Hände vor die Augen.
Dann, mit immer noch geschlossenen Augen, steckt er sich beide Finger in die Ohren.

DANIELA
Und es sollte doch eine Überraschung für ihn sein.

Blick durch ein Fernrohr auf die Wiese. Tag.

Das Bild ist zunächst sehr unscharf, es zittert und schwankt. Man erkennt aber Cosima und Daniela, die jetzt das Vogelgebauer aufhebt. Beide gehen nun auf das Haus zu, bleiben aber immer wieder, aufeinander einredend, stehen.

STIMME PROFESSOR N.
Ich sehe nichts.
STIMME ELISABETH N.
Du siehst doch immer nichts.
Weder mit noch ohne Fernrohr.

Das Fernrohrbild wird weggerissen, kommt dann zum Stillstand und wird scharf.

STIMME ELISABETH N.
Na also. Ich sehe *alles*.

Zwei weitere Kinder (Blandine und Isolde) sind ins Bild gekommen.

STIMME PROFESSOR N.
Wie: alles?
STIMME ELISABETH N.
Das Haus. Die Kinder. Drei Kinder. Und: sie – die Baronin von Bülow. Und die Baronin ist in einem Zustand – ja – *tatsächlich* – es ist also wirklich wahr.
Fritz, sieh dir das bitte an.

Wieder das unruhige und unscharfe Fernrohrbild, doch Cosimas Figur zeigt deutlich genug eine Schwangerschaft im letzten Stadium an.

STIMME ELISABETH N.
Wie lange leben die beiden denn hier zusammen? Wie lange?!

Du wirst von mir nicht erwarten, daß ich dich heute nachmittag in *dieses* Haus begleite, um die dort herrschenden Zustände zu billigen.

In einem Kahn auf dem See. Tag.

Professor N. hat das Fernrohr gerade abgesetzt, seine Schwester Elisabeth beginnt energisch, wütend zu rudern.

PROFESSOR N.
Mir ist nicht klar, welche Zustände du meinst.
ELISABETH N.
Den Zustand der Baronin von Bülow. Ich vermute auch, daß dir der Umgang mit solchen Personen und Verhältnissen in deiner neuen Stellung als Professor eher schaden wird.
PROFESSOR N.
Die Professoren, sagt Wagner, sind auf dem Baum der Erkenntnis herumkletternde Affen.
ELISABETH N.
Wie geistvoll.
Und dieser Mensch schreibt so himmlische Musiken.
PROFESSOR N.
Elisabeth, Wagners Musik ist irdisch! Das ist sehr wichtig.
ELISABETH N.
Sinnlich ist sie, seine Musik.

Elisabeth wirft sich wieder energisch in die Ruder, der Kahn mit den beiden Verstummten gleitet noch eine Weile dahin.

Cosimas Schlafzimmer. Tag. Dämmerlicht.

Cosima hat sich in der Mittagsstunde zur Ruhe gelegt. Die fast geschlossenen hellen Vorhänge dämpfen das von außen eindringende Sonnenlicht.
Die schwangere Frau liegt auf ihrem Baldachinbett zunächst steif auf dem Rücken, fast wie eine marmorne Fürstin auf einem Sarkophag. Dann formen ihre Lippen in Abständen lautlose Silben, wozu sich leicht und unruhig der Kopf hin und her bewegt.
Wagner beobachtet die Schlafende von einem Lehnsessel aus.

WAGNER
Schläfst du, Cosima, schläfst du?
Und redest? Was redest du denn?
Wenn du schon schläfst, und wenn du schon redest, dann solltest du mit mir schwören.
Komm, Cosima, schwöre, schwör's:

Er redet nun vornübergebeugt, leise und eindringlich, ›hypnotisch‹ auf die Schlafende ein.

WAGNER
»Ein feste Burg ist dieses Haus.
Wir wehrn uns ohne Waffen.«

Die Schlafende scheint lautlos die vorgesprochenen Silben nachzubilden. Wagner ›liest sie von ihren Lippen ab‹.

WAGNER
»Wer eindringt, der fliegt wieder raus –«
Wie wunderbar, Cosima, wie wunderbar du mich verstehst, wie schön du mir gehorchst, sobald du schläfst.

Cosima schlägt plötzlich klar, wach und ernst die Augen auf, dann lächelt sie.

Der Kahn auf dem See. Tag.

Der junge Professor ist jetzt allein, er rudert mühsam und ungeschickt, doch gravitätisch.

Stimme Professor N.
Natürlich wußte er, Wagner, damals nicht: *Wer ich bin.* Niemand kannte dieses Geheimnis, nicht einmal ich, damals. Ich aber *liebte* ihn, Wagner, und liebte auch seine Musik –, ja dieses Wort ist nicht zu hoch gegriffen: ich war ihm glücklich verfallen, damals sicher. Doch dann fand ich dort, in seinem Haus am See, an seiner Seite eine Frau – die höchste Frau meines Lebens, und mein erster, guter Gedanke riet mir: Kehr um, flieh.
Mein zweiter Gedanke war dann, leider: Bleiben, möglichst ewig, und um jeden Preis.
Um sie, diese Frau, immer wieder und wieder und wieder zu sehen.

Der Landungssteg vor dem Haus. Tag.

Mit langsamen, vorsichtigen, steifen Bewegungen ist Nietzsche an den Steg herangerudert, auf dem Wagner und Cosima ihn erwarten.

Professor N.
Entschuldigen Sie.
Meine Schwester hat mich zu diesem – Gefährt –, hat mich zu einer – einer Ankunft auf dem Wasser überredet – aber –

Er ist im Kahn aufgestanden, das Boot schwankt, und das Problem, vom Kahn auf den Landungssteg zu kommen, scheint ihm offenbar unlösbar.

Der alte Wagner ist plötzlich unerwartet leicht ins Boot hinunter gesprungen, stützt Nietzsche, umarmt ihn fast und hilft ihm fürsorglich bei der Besteigung des Landungsstegs.

WAGNER
Hoppla.
Langsam, ganz langsam, und vorsichtig das Gewicht vom linken auf den rechten Fuß verlagern.
So. Sooo.
Langsam, adagio, Professor.
Bravo. Fast ohne Sturz, fast.

Denn Nietzsche ist, kaum auf dem Landungssteg, doch noch gestolpert. Als er hochkommt und aufschaut, steht Cosima vor ihm, über ihm.

WAGNER
Das ist er, unser Freund aus Basel. Und hier: meine Führerin.
Sie hat mich aus dem Labyrinth des bürgerlichen Lebens geführt – ins Freie, ins Licht. Die Baronin von Bülow.
COSIMA
Sie wollten uns doch Ihr Fräulein Schwester mitbringen?
PROFESSOR N.
Allerdings. Ja.
Aber nun ist sie leider abgehalten, durch unvorhergesehenen Besuch.
Es tut mir leid, ich bin allein. Ja.

Er starrt sie immer noch an.

STIMME PROFESSOR N.
Ich nannte sie heimlich, in meinem Kopf: Ariadne – ohne den Namen je auszusprechen. Ariadne – die Frau, die den listigen Theseus aus dem Labyrinth des Ungeheuers Minotaurus führt. Doch Theseus –

Wagner
Hättest du dir so einen deutschen Professor vorgestellt? So – jung?
Er hat allerdings nur sieben Hörer.
Professor N.
Seit letzten Donnerstag: acht.
Wagner
Was meinen Sie, wieviele Menschen in meinen Konzerten zuhören, mir Leib und Seele wirklich ausliefern? Drei oder vier unter tausend. Die gesamte übrige Herde döst und schläft, wenn auch mit unbeschreiblichem Genuß.
Cosima
Er sagt die Wahrheit. Leider.
Wir sind mit unserer Kunst ganz und gar allein.

Die Gruppe hat sich auf dem Landungssteg schon in Bewegung gesetzt. Man erreicht jetzt den Kiesweg am Ufer.

Wagner
Na, allein – ›ganz und gar allein‹, das ist schon wüst übertrieben.
So sind die Frauen: entweder sie schweigen oder sie übertreiben. Das Weib hat ein vollkommen anderes Verhältnis zur Sprache als wir. Ja, habt ihr überhaupt irgendein Verhältnis zur offenen, menschlichen Rede?

Die Dreiergruppe ist auf dem Uferweg stehengeblieben. Wagner und Cosima sehen sich eine Weile prüfend, rätselhaft kühl, aber nicht unfreundlich an.
Nietzsche, als könnte er den Austausch dieser Blicke nicht aushalten, sieht schließlich zu Boden.

Stimme Professor N.
Theseus, das wußte ich, Theseus wird Ariadne bald verlassen, doch ein Gott wird der Verlassenen erscheinen, wird sie erschrecken und trösten, um sich dann mit ihr, mit der Verlassenen zu vermählen, der Gott: Dionysos.

Wagners rechte und Cosimas linke Hand haben sich ineinander verschlungen.
Plötzlich krallt sich Cosimas Hand heftig in seinen Handteller.
Nietzsche blickt erschrocken auf.

WAGNER
Sie ahnen nicht, wie lange und wie heftig Cosima – die Baronin von Bülow reden kann, wenn sie nur will.

Cosimas Schreibtisch. Tag.

Cosima überliest und redigiert wieder ihr Tagebuch.

COSIMA
Der Professor N. sagt nichts, jedenfalls in meiner Gegenwart nur sehr wenig.
Ein angenehmer, stiller, kluger Mensch – und doch: ich bin der Welt schon so entwöhnt, daß jeder Besuch mir fast den Atem nimmt – vor – vor Angst? Während Richard –

Sie ist aufgestanden und tritt zum Fenster und sieht hinunter auf:

Die Wiese vor dem Haus. Tag.

Wagner redet gestenreich, komödiantisch auf den jungen Professor N. ein.

WAGNER
Er war häßlich, der alte Beethoven war häßlich! Der tiefste Musiker, Professor, ist auch der häßlichste. Sehen Sie sich diesen Beethoven an, in seinen letzten, tiefsten Jahren:

gedunsen, mürrisch, der ganze Mensch hat sich ins Innere zurückgezogen, ins Herz und ins Gehör, in sein taubes Gehör!

Er versucht diesen Zustand zu simulieren und dirigiert dabei summend ein langsames Beethoven-Thema.

WAGNER
Dagegen, sehen Sie mich an: wie schön ich immer noch bin, in meinem Alter. Schon das spricht gegen meine Kunst. Oder nicht? Oder etwa nicht?!

Nach Nietzsche hat nun auch der palavernde Wagner oben am Fenster Cosima stehen sehen.

WAGNER
Weißt du, daß er auch komponiert, komponieren möchte, unser Professor? Ja, er schreibt klammheimlich Musik. Und ich erkläre ihm: dazu muß er erst einmal häßlicher werden, viel häßlicher werden! Was findest du?

Aber Cosima ist vom Fenster zurückgewichen.

Cosimas Schreibtisch. Tag.

Cosima hat sich wieder vor ihr Tagebuch gesetzt und liest weiter, halblaut und halbfeierlich, das Aufgeschriebene vor.

COSIMA
Wie ein Davongejagter ist mein Herz. Aber was habe ich mehr zu wünschen als Richards Glück. Für ihn leide ich. Seine Freude ist die meine.
Unser höchstes Lebensziel bleibt: gemeinsam sterben.
Bis dahin kommt es auf mich nicht an, solange seine göttliche Arbeit und das Wohl der lieben Kinder –

Plötzlich, mit einem wilden Ruck, reißt sie das Tagebuchblatt aus dem Buch und zerknüllt es.
Ihr Gesicht im Spiegel über dem Schreibtisch ist wie von Schmerz verzerrt.

Mittagstafel. Tag.

Von den Kindern darf nur die Älteste, die sehr ernste, eingeschüchterte Daniela am Mittagessen der Erwachsenen teilnehmen.
Cosima reicht Nietzsche gerade eine Scheibe Roastbeef.

Professor N.
Nein danke. Bitte nicht.
Wagner
Er hat ein Gelübde getan.
Obwohl ich ihm genauestens dargelegt habe, was für ein Unsinn, ein unmenschlicher Unsinn dieses Vegetariertum ist. Von dem ich mich befreit habe!
Ja, das Töten von Tieren bleibt abscheulich. Aber unsere ganze Existenz ist ein Kompromiß, ein blutiger Kompromiß. Das Fleisch, Professor, braucht Fleisch, und diese Sünde büßen wir ab, indem wir arbeiten, etwas produzieren.
Wie wollen Sie schonungslos denken, Nietzsche, wenn Sie immer nur Milch schlürfen und Gemüse knabbern?!

Cosima bietet noch einmal eine Scheibe Fleisch an.

Professor N.
Nein. Bitte, bitte nicht.
Wagner
Ich empfinde es als eine Beleidigung. Meine Frau empfindet es auch als eine Beleidigung.

Professor N.
Das hoffe ich nicht.
Wagner *zu Cosima*
Das hofft er nicht.
Mein lieber Professor Nietzsche, jede Frau verachtet, vom Wesen her, jede Art Enthaltsamkeit – jede, verstehen Sie.

Cosima hat fest, fast gewaltsam ihre Hand auf seine erregt geballte Faust gelegt, die unter ihrer Hand noch ein paarmal heftig zuckt und sich dann langsam beruhigt und öffnet.
Daniela tauscht streng und stumm einen Blick mit Professor Nietzsche aus.

Wagner
Cosima fan tutte.
Ich hab mich ergeben, mit Herz und mit Hand.

Er beugt sich, halb herzlich, halb theatralisch über Cosimas Hand, um sie zu küssen, und murmelt, zwischen zwei Küssen, über die Hand gebeugt.

Wagner
Sie liebten sich im siebten Jahr,
und immer noch war's wunderbar.

Daniela beobachtet, wie befangen Nietzsche diese Szene ansieht. Sie zwingt ihn, ihrem ernsten, strengen Blick zu begegnen und ihn auszuhalten.

Cosimas Schlafzimmer. Tag.

Cosima liegt, abgespannt, streng und steif und deutlich schwanger, auf ihrem Baldachinbett, im selben Kleid wie eben an der Mittagstafel.
Wagner sitzt an der Bettkante und beugt sich werbend, streichelnd und bettelnd über die Abweisende.

WAGNER
Aber du zeigst dich immer so kalt vor ihm. Der ist bis zum Irrsinn klug, du, der junge Nietzsche, klug und schüchtern. Den könnt ich richtig lieben.
Oder findest du ihn etwa nicht klug?
COSIMA
Solange er in meiner Gegenwart nicht den Mund auftut, ist das schwer zu beurteilen.
WAGNER
Schöner, feuriger als er redet keiner über unsere Kunst. Das könnte nützlich werden. Und vor dir sitzt er immer wie ein Kind unterm Christbaum.

Er küßt die weiterhin Reaktionslose nun auf die Lippen.

WAGNER
Du bist sehr anziehend, wenn du so abweisend bist, das spürt der Professor auch. Den sollten wir uns lieber warmhalten, diesen jungen feurigen Freund.

Plötzlich richtet sich Cosima jäh und leidenschaftlich auf.

COSIMA
Du hast unser Geheimnis verraten! Seit sieben Jahren, hast du gesagt, in seiner Gegenwart! – seit sieben Jahren sollen wir uns – sollen wir uns –
WAGNER
– ja: lieben. Was ist dabei?
COSIMA
In seiner Gegenwart hast du's verraten. Es war und bleibt aber: Ehebruch.

Sie läßt sich erschöpft und erbittert wieder zurücksinken.

WAGNER
Aber er – aber Nietzsche hat doch keine Ahnung, was damals, vor sieben Jahren –

Cosima
Es war vor fünf Jahren.
Wagner
Nur: sieben klingt doch viel schöner.
Cosima
Vor fünf Jahren, fünf Monaten und einundzwanzig Tagen.
Ich zähle es nach, jeden Abend.
Du also nicht.

Im Innern einer dunklen Kutsche. Tag.

Cosima und Wagner sitzen sich gegenüber, sehr aufrecht, steif, nur unfreiwillig bewegt vom Schlagen und Schaukeln des Gefährts.
Nach einem längeren traurigen Schweigen bricht Wagner in einen Verzweiflungsredeschwall aus.

Wagner
So kalt, so gleichgültig haben Sie mich noch nie behandelt.
Aber Sie sehen ja: ich lache.

Das versucht er auch, krampfhaft übertrieben.

Wagner
Mir gelingt es immer zu lachen.
Wie lange seid ihr jetzt verheiratet, Hans und du?
Cosimus! Fünf Jahre? Schon sechs?! Wie lächerlich. Hans und du, ihr beide seht immer noch aus wie nur befreundet, oder wie Geschwister, zwei nervöse, ehrgeizige, keusche Engel. Der arme Hans, der arme ahnungslose Gatte Hans, er wird dich verlieren, irgendwann, bald, sehr bald.
An einen Besseren als mich, hoffe ich.

Cosima hat einen schwarzen Schleier über Mund und Nase gezogen, nur ihre Augen sind noch zu sehen.

WAGNER
Weinen Sie etwa – weinen Sie?

Sie zieht sehr rasch den Schleier weg und zeigt ihren lachenden Mund, der gleich wieder hinter dem schwarzen Schleier verschwindet.

WAGNER
Lachen Sie ruhig. Ich lache ja auch. Bin schließlich auch ein lächerlicher Mensch, ein Spieler, Verlierer, Betrüger, ein Bankrotteur, ein Komödiant, ein Gemütstrottel und immer noch Anarchist, von Gerichtsvollziehern gejagt, von allen guten Geistern und Weibern verlassen, ratlos, ruiniert – vogelfrei – ein Müllhaufenmensch.

Er versucht wieder zu lachen, aber Cosima läßt wieder den Schleier sinken: sie weint.

WAGNER
Kurz, so glücklich ist kein Mensch, wie ich.

Er läßt seinen Kopf in ihren Schoß fallen.
Cosima zieht mit zwei energischen Bewegungen die dunkelroten Vorhänge vor die beiden Kutschenfenster, während ihre andere, ihre linke Hand sich langsam in Wagners Haar krallt. Er murmelt wieder.

WAGNER
Ich kenn die Hand, ich kenn die Hand, die mich vom Tod erwecken kann.

Cosima, wieder schleierlos, blickt auf den Beutekopf in ihrem Schoß.
Der Kopf hebt sich und starrt sie an: es ist der junge Professor Nietzsche.

Cosimas Schlafzimmer. Nacht.

Die schwangere Cosima ist jäh aus ihrem Schlaf aufgeschreckt.
Sie erkennt Wagner, der sie wieder vom Lehnstuhl aus beobachtet.

Wagner
Du hast geträumt, Cosima.
Schlimm?
Cosima
Ja.
Wagner
Und? Willst du's mir nicht erzählen?
Cosima
Nein. Nein.

Die Wiese vor dem Haus. Tag.

Die Kinder Daniela, Blandine und Isolde stehen in langen, weißen, in ›griechischen‹ Gewändern auf einem ›Thespiskarren‹, um eine auf einer Säule postierten Wagnerbüste. Ihre Geburtstagsgedicht-Deklamation haben sie gerade beendet. Jedes Kind hält in den hoch ausgestreckten Händen einen Lorbeerkranz.

Die drei Kinder
Heil! Heil! Heil!
Und einen schönen Geburtstag.

Jedes Kind drückt nun der Büste seinen Lorbeerkranz auf den Kopf.
Die etwa zweijährige Eva, auf Cosimas Arm, preßt dem

leibhaftigen Wagner einen Feldblumenkranz aufs Haupt. Halb gerührt und halb wieder theatralisch sinkt der Meister vor Cosima auf die Knie. Der Kranz fällt. Wagner wühlt seinen Kopf der Schwangeren in die Rockfalten.
Cosimas freie Hand krallt sich wieder in das graue Haar. Sie blickt klar und herausfordernd Professor Nietzsche an.

Cosima
Richard. Schau auf.
Lusch hat noch eine Überraschung.

Lusch (Daniela) ist vom Wagen gesprungen. Sie hält in der hocherhobenen Rechten ihr Vogelbauer, das mit bunten Schleifen geschmückt ist.

Cosima *leise, zu Wagner*
Ich habe ihr lange und fest zureden müssen. Sie tut's nicht gern.
Daniela
Liebe Vöglein, flieget fort,
gedenket mein am freien Ort.
Zu mir kommt wieder,
fällt Schnee hernieder.
Und bleibt ihr fort, so lebet wohl.
Der Liebe Wesen ist nicht hohl.
Nie dürfte Liebe sie sich nennen,
wollt sie euch von der *Freiheit* trennen!

Sie öffnet das Gitter des Gebauers, alle Vögel fliegen frei heraus in die Lüfte, nur einer taumelt flatternd auf die Wiese. Mit einem wuchtigen Satz springt ein riesiger, dunkler Hund auf den Vogel.
Daniela schreit auf.
Vor der zerfetzten, blutigen Vogelleiche knien nebeneinander Wagner und Nietzsche.
Cosima flieht mit allen Kindern ins Haus.
Man hört nur noch Daniela schreien.

DANIELA
Ich will ihn nicht mehr sehn!
Ich will ihn nie mehr sehn!!

Abendtafel. Nacht.

Nur das Paar und Nietzsche sitzen beim Abendessen, Wagner und Cosima schon vor leeren, der junge Professor vor einem immer noch halb gefüllten Teller.
Denn Nietzsche hat plötzlich erregt zu reden begonnen. Mit Staunen und Abwehr hört Cosima ihm zu.

PROFESSOR N.
Ach, die »Moral«!
Ja, unsere »demokratische« Öffentlichkeit suhlt sich in »Moral«.
Doch die einzige vernünftige, weil natürliche, also gesunde Moral, die ich kenne und anerkenne, ist die Moral, die in unserem Leibe waltet. Ja, ich behaupte tatsächlich, nur dieses stumme Zusammenspiel zwischen allen Organen unseres lebendigen Leibes, dieses System von tausendfältigem Befehlen und Gehorchen: das ist Moral, eine Moral allerdings ohne »Seele«, ohne »Geheimnis«, doch die einzige Wahrheit, nach der unser Leben und unser Leib –

Cosima ist plötzlich, aus bleichem, gefaßtem Gesicht immer noch Nietzsche anstarrend, mit einem Ruck aufgestanden, wie von einem nicht mehr unterdrückbaren Schmerz gepeinigt.

COSIMA
Pardonnez moi.

Um Haltung bemüht, verläßt sie den Raum.
Nietzsches Gesicht ist plötzlich erstarrt, erloschen.

Wagner
Cosima – Frau von Bülow ist in diesen Tagen in einem heiklen, reizbaren Zustand.
Professor N.
Ja, ich verstehe.

Doch er hat noch immer nichts verstanden, nicht, daß Cosima auf die Geburt eines Kindes wartet.
Wagner redet sich langsam in Wut.

Wagner
Sie hätten also besser daran getan, die Freundin durch Ihre Reden nicht auf ihre leiblichen und ihre moralischen Schmerzen hinzulenken, in diesen heiklen Tagen –
Professor N.
Ja, ich verstehe.
Meine Gegenwart stört in diesem Haus. Was ich bin, was ich sage: es stört. Vor allem die verehrte gnädige Frau stört es. Die mich nur schont. Obwohl sie meine Gegenwart und nun gar meine Reden nicht ertragen kann. Das ist mir nun endgültig gewiß geworden.

Er hat sich umständlich und feierlich von seinem Stuhl erhoben.

Wagner
Sie meinen, Sie wollen mich hier allein verkümmern lassen, nur weil ich – weil Sie – setzen Sie sich. Sofort!

Benommen lächelnd folgt der junge Professor dem Befehl.

Wagner
In Ihrem Kopf, in Ihrem wunderbaren, aber sehr jungen Kopf, Nietzsche, bilden sich manchmal Dünste, Fata Morganen, griechisch heidnische Opfernebel –
Sie wollten uns doch nicht etwa verlassen?!
Professor N. *noch immer lächelnd*

Ich fürchte, ich habe schon wieder zu viel gesagt. Ich sage immer zu wenig oder zu viel.

Wagner drückt ihm plötzlich einen Kuß auf die Stirn.

WAGNER
Mein lieber Junge, dann lassen Sie uns doch weiter gemeinsam glücklich sein. Ich jedenfalls bin's: glücklich.
Still!
Hat mich Cosima gerufen?

Die beiden lauschen in das stille Haus hinauf.
Man glaubt, durch die Decke Schritte zu hören.
Wagner springt auf und verläßt wortlos den Raum.
Nietzsche, allein an der Tafel, legt sich gedankenverloren eine Scheibe Fleisch auf den Teller.
Erst jetzt erkennt er, was er getan hat.
Lächelnd legt er das Fleisch wieder zurück auf die Platte.

Cosimas Schlafzimmer. Nacht.

Cosima liegt wieder lang und steif und leidend auf dem Bett, neben sich zwei Reisetaschen und verstreute Kleidungsstücke.
Wagner läuft kreuz und quer durch den Raum.

WAGNER
Alle verraten mich. Nietzsche, du.
Ja, auch der Professor wollte abreisen. Aber gut: verrate mich, fahr hin, verreise, gib mich auf. Geh nach Paris. Oder nach Rom. Zu den Huren oder zu den Prälaten.
COSIMA
Wir haben es doch oft genug besprochen, daß ich mein Wochenbett, diesmal – wir sind noch immer nicht verheiratet, Richard.

Wagner
Ist das meine Schuld?!
Ich wünsche, daß mein Sohn hier, in diesem Haus geboren wird, ein für allemal hier. Denn ich weiß, daß es diesmal ein Sohn wird.

Cosima
Aber ein Wochenbett vor den Kindern, vor dem Professor –

Wagner
Soll ich den Nietzsche wegjagen? Ja oder nein?! Denn er wollte schon abreisen. Weil er sich vor dir ängstigt. Wie ich auch. So weit ist es gekommen: du machst uns allen angst.

Cosima redet wie unter Schmerzen, mühsam.

Cosima
Ich glaube, ich glaube, du willst nicht, daß Professor Nietzsche uns verläßt.

Wagner
Du, der arme Professor, auch wenn du noch weitere sieben uneheliche Kinder vor seinen Augen gebären solltest: er wird's einfach nicht begreifen. Für den bist und bleibst du ja eine Heilige. Für mich aber auch, für mich auch!

Er ist neben Cosimas Bett auf die Knie gesunken.

Wagner
Heiliger Cosmas, bleib bei uns, bei uns. Ja?

Cosima
Ich werde dableiben – müssen.
Weil es nämlich schon zu spät ist.
Mit diesen Schmerzen möchte ich nicht reisen.

Abendtafel. Nacht.

Wagner und Nietzsche sitzen jetzt bei Obst, Kuchen und Kaffee. Wagner trinkt zum Kaffee auch Brandy.
Beide sind lockerer Laune, auch der steife Professor.

WAGNER
Das schrecklichste, sagt Calderón, das schrecklichste aller weltlichen Übel ist: glückliche Liebe.
PROFESSOR N.
Calderón? Sie lesen zu viel katholische Autoren.
WAGNER
Denn wer glücklich liebt, muß täglich fürchten. Wie ahnungslos Sie sind, Professor.
PROFESSOR N.
Jeder, der besitzt, muß fürchten.
Bin ich nun ahnungslos – oder bin ich vielleicht – nur – keusch?
WAGNER
Sie wollen sich doch bitte nicht über Ihre Keuschheit beschweren, ausgerechnet bei mir!?
Gewisse keusche Engel können sehr anziehend sein für gewisse überaus ernsthafte Frauen.
Widersprechen Sie lieber nicht.
Ich ahne, ja ich weiß, was zwischen zwei reinen Seelen, also auch zwischen Cosima und Ihnen, geschehen könnte – oder im Begriffe ist zu geschehen.
Ich bin nicht ahnungslos.

Man hört wieder deutlich die Schritte von der Zimmerdecke.
Wagner blickt hinauf.
Professor Nietzsche ist schon aufgestanden, bemüht höflich.

PROFESSOR N.
Ich denke – es ist spät geworden.

Wagner
Die Weiber, mein lieber Junge, denken: nichts. Sie besitzen: nichts. Auch kein Gedächtnis, denn sie vergessen notfalls: alles. Aber wir sind ihnen doch unterworfen. Woraus hervorgeht, was unser Bewußtsein, unser Besitz, unser Gedächtnis wert sind –
Professor N.
Nichts.

Die Tür ist aufgegangen, die hochschwangere Cosima erscheint in einer strahlend weißen, ballreifen Garderobe.

Wagner
Es tritt auf – die Königin der Nacht! Brünnhilde, Sieglinde, Isolde, Eva im Paradies.
Heiraten Sie meine Frau, Professor, dann sind Sie gerettet.

Nietzsches eben noch aufstrahlendes Gesicht zieht sich, empfindlich und kalt, zusammen.

Cosimas Schlafzimmer. Morgen.

Zunächst sind nur zwei auf der Bettdecke ineinandergeschlungene Hände zu sehen, Wagners und Cosimas Rechte und Linke, die ab und zu ihren Druck erwidern.

Wagners Stimme
Er ist ins Morgenrot geboren worden, unser Sohn. Im gleichen Augenblick, als ich den Ruf hörte: Ein Sohn ist geboren! – in genau diesem Augenblick begann die Tapete im Salon zu erglühen, und dein Bild an der Wand, Cosima, vergoldete sich, während über den See herüber das Frühgeläute sämtlicher Sonntagsglocken dröhnte, bimmelte und stöhnte.

Wagner kniet vor dem Bett von Cosima, neben einer Wiege.

Wagner

Du, wir machen nun Schluß mit aller Kunst und Musik. Wir ziehen nach Italien und sehen nur noch zu, wie unser Sohn wächst. Denn der wird alles besser machen als ich. Er ist ein Genie.

Sein Kopf sinkt auf die immer noch über der Bettdecke ineinandergeschlungenen Hände.

Cosima

Vorsicht. Vorsicht!
Es tut noch weh.

Wagner, immer noch kniend, beugt sich über das verschrumpelte Neugeborene in der Wiege.

Wagner

Er wird ein Genie. Siegfried.
Er sieht schon jetzt aus wie ein Genie. Siegfried! Willst du in deine Morgensonne blicken?

Wagner ist aufgesprungen und hebt tatsächlich das Kind aus der Wiege, reißt einen Fensterflügel auf und streckt den Windelpacken hoch ins Morgenlicht.

Wagner

Siegfried! Lichtkind! Winziger Riese! Da oben steigt die Schwester Sonne den Himmel hinauf, aber dort unten, auf der grünen Erde, auf dem Gras sitzt der arme Bruder Professor und grüßt herauf in seiner gottverblendeten Kurzsichtigkeit und sieht: nichts.

Auf der Wiese vor dem Haus sitzt unter einem Sonnenschirm Professor Nietzsche bei seiner Lektüre.
Er hat, als er Wagners Stimme hörte, kurz und kurzsichtig hinauf gegrüßt.

Wagners Stimme

Und liest seelenruhig weiter.

Am Tage deiner Geburt, Siegfried.
Du hast ihn besiegt. Nun ist er verloren.
Und: er ahnt es nicht.

Im dunklen Innern der Kutsche. Tag.

Cosima hat gerade wieder den Schleier vor ihrem Gesicht sinken lassen: sie weint.

WAGNER
Kurz, so glücklich ist kein Mensch, wie ich.

Er läßt seinen Kopf in ihren Schoß fallen.
Mit zwei energischen Bewegungen zieht Cosima die Vorhänge vor die beiden Kutschenfenster, während sich ihre freie Hand in Wagners Haar krallt.

WAGNER
Ich kenn die Hand, ich kenn die Hand, die mich vom Tod erwecken kann.
Dein armer Hans, der arme ahnungslose Hans.
COSIMA
Leiden müssen wir alle. Bis zum Tod.

Nun wühlen sich ihre beiden Hände in Wagners Haar.

Auf dem Gletscher. Blendendes Licht.

Cosima und Wagner steigen aus Schatten, aus einer Gletscherspalte in diese eisig helle, phantasmagorische Szenerie. Cosima kämpft, tief und heftig atmend, um Luft und versucht auf ihren hohen Absätzen ein paar taumelnde Schritte über das beschneite Eis.

Cosima
Wie hoch? Wie hoch sind wir?

Wagner steht in einem Wanderplaid nur als riesiger Schatten im Gegenlicht.

Wagner
Wir blenden sie alle,
alle, die uns hier herauf,
in diese selige Öde
noch nachsteigen wollen.
Diese Käfermenschen, die Krabbelwesen,
diese Vielzuvielen.

Auf dem schmalen, durch Geröll aufwärts zum Gletscher führenden Pfad sind vier kleine Figuren im Aufstieg und Anmarsch zu sehen, deutlich erkennbar nur die erste: Professor Nietzsche.
In größerem Abstand folgen Hans von Bülow und schließlich das Ehepaar Mendès.
Wagner hat einen einbeinigen Jagdsitz ins Eis gerammt und nimmt thronend darauf Platz.

Wagner
So, hier bleiben wir bis zum Abend. Bis alle anderen umgekehrt sind, ins Flachland.

Cosima kniet sich vor ihn aufs Eis und läßt ihren Kopf langsam auf die Falten seines Plaids sinken.

Cosima
Aber ich – ich,
ich möchte mit Ihnen lieber sterben, Richard Wagner.
Wagner
Ich liebe dich,
ich lobe dich,
ich lebe dich.

Er zieht zwei Faltenwürfe seines Plaids über die kniende Cosima und sitzt nun als riesige, einsame Figur wie allein auf seinem Gletscherhochsitz.

Cosimas Schlafzimmer. Abend.

Cosima und Wagner liegen steif auf dem Rücken nebeneinander auf dem Baldachinbett, wie das steinerne Paar eines Fürstengrabs. Zwischen ihnen ruht das Windelbündel Siegfried.

WAGNER *spricht im Singsang*
Wir werden diese Insel der Seligen, hier, dieses feste Haus, gegen alle Freunde und Feinde verteidigen, gegen jeden Nietzsche, Hans oder Juden oder Franzosen,
gegen jeden Ton fremde Musik, jeden fremden Gedanken –
Cosima, warum sprichst du nicht mit?
COSIMA
Weil ich das alles mit jedem Atemzug ohnehin denke.
WAGNER
Man will's aber hören.
COSIMA *auch im Litaneiton*
Wir werden diese Insel der Seligen, hier, dieses feste
Haus –
WAGNER
– diesen Heldensohn Siegfried –
COSIMA
– gegen alle Freunde und Feinde verteidigen –

Durch die Wiesen, zum Haus. Tag.

Wagner bewegt sich, mehr stürmend als gehend, über Wiesenwege auf das Landhaus zu. Er ist außer sich vor guter Laune. Der Neufundländer Ruß begleitet ihn. Mindestens einmal läßt Wagner den Hund sich hinsetzen, um ihn wild zu umarmen.

JUDITHS STIMME
Um diese Zeit war für jeden weiblichen Verstand klar, und erst recht für eine französische Journalistin, daß Richard Wagner sich auf dem Wege zum Weltruhm befand.
Oh ja, ich halte mich gern in der Nähe eines frischen, eines gerade erst aufblühenden Weltruhms auf. Wer nicht? Umso erstaunter waren wir beide, mein Mann und ich, Wagner und seine Lebensgefährtin, die damalige Baronin von Bülow, in ihrem Landhaus am See verhältnismäßig einsam vorzufinden. Denn in Paris war man in allen Salons der Ansicht, er hielte sich dort in der Schweiz einen Harem mit Frauen aller Hautfarben, die in prächtigen erotischen Gewändern nur für ihn ihre inspirierenden Reize –

Wagner ist auf der Wiese vor dem Haus eingetroffen, wo unter dem Sonnenschirm Cosima mit den Töchtern Daniela und Isolde sitzt, die sie bei Schreibübungen beaufsichtigt. Siegfrieds Wiege steht im Schatten neben dem Tisch.

WAGNER
Vorsicht!
Weg mit der Wiege!
Ja, wir müssen Siegfried für ein paar Tage verstecken. Die Franzosen kommen! Ich habe sie für fünf Uhr eingeladen. Aber wir kennen die Franzosen: vor halb sechs werden sie kaum hier sein.
Weißt du, Cosima, wie alt diese Madame Mendès ist?

Cosima
Zwanzig?
Wagner
Noch nicht einmal neunzehn!
Nach ihren Briefen haben wir sie doch immer auf eine Dame von über fünfzig geschätzt.
Cosima
Richard, wenn ich dich ansehe, dann weiß ich, wie alt Madame Mendès ist.

Sie ist aufgestanden, um die Wiege ins Haus zu schieben.

Wagner
Sie heißt Judith.
Sie ist ein Hurricane.
Aber sehr gebildet.

Zu den beiden Kindern, die von den Schreibheften aufschauen, muß er, immer noch außer Atem vor Begeisterung, unbedingt weiterreden.

Wagner
Sie ist sehr wild, diese Judith. Euch wird sie auch gefallen.

Die Wiese neben dem Haus. Tag.

Eine Schaukel fliegt hoch aus einem Gebüsch, auf ihr Judith Mendès-Gautier. Man erkennt ihre zusammengekniffenen Lippen. Sie hat Angst, aber sie ist ehrgeizig, denn die Schaukel stößt: Richard Wagner.

Wagner
Noch höher?
Judith
Mais oui. Viel höher!

Wagner stößt mit aller Kraft und leuchtendem Gesicht. Einmal. Zweimal.

JUDITH
Noch höher. Immer noch höher!

Wagner bemüht sich noch einmal, zweimal.

JUDITH *bricht in Sprechgesang aus*
Hojotoho-ooh! Hojotoho-ooh!
Hahei! Heijahoooh!

Und mit diesem Walküren-Triumphschrei springt sie in einem hohen Bogen von der Schaukel auf das Gras, wo sie eine Weile zusammengekrümmt und regungslos liegenbleibt. An einem offenen Fenster des Hauses steht Cosima. Sie hat diese Szene mitangesehen.
Unten auf der Wiese hockt Judith inzwischen wieder im Gras und lacht zu dem über sie gebeugten Wagner hinauf.

WAGNER
Sie haben mir Angst eingejagt.
JUDITH
Ja, habe ich das? Wie schön.

Das offene Fenster des Hauses wird langsam und energisch geschlossen.

In einem Salon. Tag.

Catulle Mendès, mit einem Notizbüchlein und einem Silberstift ausgerüstet, besichtigt mit Frau Cosima das Haus. Ihn interessiert vor allem der schwere, düstere Pomp der Einrichtung.

CATULLE
Und Sie haben tatsächlich das ganze Meublement, das ja

mit der schlichten ländlichen Umgebung des Hauses recht reizvoll kontrastiert –,
Sie haben das alles Stück für Stück aus Paris importiert?
Das erzählt man sich in Paris.

COSIMA
Nicht Stück für Stück, aber die Tapete hier, diese beiden Fauteuils, auch die –

Sie unterbricht sich unwillig.

COSIMA
Der Meister hat eine Schwäche für behaglichen Luxus.

CATULLE
Für Luxus der französischen Geschmacksrichtung.

COSIMA
Als er in Paris leben mußte, war er außerordentlich arm.

CATULLE
Ich verstehe.
Sie sehen es nicht gern, wenn ich mir ein paar Notizen mache?

COSIMA
Nein. Nicht sehr gern.
Denn – das alles hier, diese Accessoires unseres Lebens haben nichts mehr mit uns zu tun.
Verstehen Sie.

CATULLE
Ich bin bemüht.

Cosima sieht mit kaum noch unterdrücktem Unwillen, wie er sich lächelnd weiter Notizen macht.

COSIMA
Denn Paris ist für uns die Wüste, der Sumpf, der Abgrund, eine Kloake. Verzeihen Sie. Aber es ist so.
Wir werden unsere Welt, dieses Haus gegen die französische Kultur, gegen das Judentum, kurz: gegen alle Décadence verteidigen.

Catulle
»Ein feste Burg?«
Cosima
Lächeln Sie ruhig. Lächeln Sie.

Sie hat sich von ihm abgewandt und ist an ein Fenster getreten:
Cosima sieht die Wiese neben dem Haus. Judith und Wagner sitzen nebeneinander im Gras, redend und lachend.
Plötzlich hält sich Judith die Augen zu, wird ernst. Wagner nimmt behutsam ihre Hände wieder weg von den Augen. Nun schlägt Judith die Augen wieder auf und lacht.

Cosimas Schreibtisch. Abend.

Wieder überliest und redigiert Cosima vor dem Spiegel ihre Tagebuchnotizen.

Cosima
– denn ich bin in den vergangenen Wochen zu glücklich, zu *unverdient* glücklich gewesen. Jede Stunde erwarte ich nun die Strafe, der ich mich demütig unterwerfen will. So gut es geht.

Sie betrachtet sich, den Kopf schwer in beide Hände aufgestützt, im Spiegel.
Als sie dann die Hände wieder vom Gesicht abzieht, reißt sie sich mit den Fingernägeln ein oder zwei blutige Striemen auf eine der Wangen, die sie vor dem Spiegel ruhig mit einem Taschentuch abtupft.

Arbeitszimmer. Tag. Dämmerlicht.

Wieder sinkt die schwere Klinke und die Tür öffnet sich nach innen, teilt die rote Portière.
In der offenen Tür erscheint Judith, wieder mit beiden Händen vor den Augen, hinter ihr Wagner, der ihre Hände wieder behutsam von den Augen nimmt.

JUDITH
Mein Gott.
Man wagt kaum aufzutreten, kaum noch zu atmen.

Sie geht aber doch einige feierliche Schritte in den Raum, tief atmend.

JUDITH
Hier also geschieht *es*!
Ich kann es mir nicht vorstellen, ich kann es mir einfach nicht vorstellen.

Sie schließt die Augen, tut mit geschlossenen Augen einige weitere Schritte, stolpert über ein auf dem Boden liegendes Buch, fällt fast und kniet nun mit immer noch geschlossenen Augen glücklich in der Mitte des Raumes.
Die Hand Wagners, der sie aufheben will, wehrt sie sanft ab.

JUDITH
Ach nein, nein –
ach lassen Sie mich doch an diesem Ort für einen Augenblick – knien! Nur wenn ich mich so umschaue, mit geschlossenen Augen, dann sehe ich *es*, höre ich *alles*, den Siegfried, Tristan, Par-si-fal –

Wagner hat diese ganze Szene stolz, gerührt, aber auch belustigt verfolgt, mit Sinn für Judiths Theatersinn.

WAGNER
Judith?!

JUDITH
Ja?
WAGNER
So wunderbar es ist, bewundert zu werden, von einer Frau –, aber es ist auch – auch –
JUDITH
Ja?
WAGNER
Es ist auch traurig.
Ich komme mir vor wie ein wildes, fremdes, heiliges Tier, wie ein Gott, wenn Sie mich derartig anbeten.
Und –
JUDITH
Ja?
WAGNER
Ich bin ein sehr sterblicher Gott.
Verstehen Sie?
Tu a compris?

Erst jetzt hat die Kniende die Augen wieder geöffnet. Groß und ernst schaut sie zu Wagner hinauf.

Die Wiese neben dem Haus. Tag.

Wieder sitzt Judith auf der Schaukel, diesmal aber nur vorsichtig gestoßen von ihrem Mann Catulle.
Die beiden unterhalten sich gedämpft und amüsiert.

JUDITH
Und was hast du erwartet?
CATULLE
Daß die Möbel nicht derart geschmacklos sein würden, so nouveau riche.

Judith
Aber Wagner *ist* nouveau riche. Sie nicht, aber er.
Catulle
Und wieviel Richard-Wagner-Büsten standen in seinem Arbeitszimmer?
Judith
Soweit ich sehen konnte: eine.
Oder zwei.
Catulle
Konntest du die Augen nicht offen halten?
Judith
Nein, konnte ich nicht.
Catulle
Bist du als Journalistin hier oder als –
Judith *plötzlich ernst*
Ich möchte nicht, daß du irgendetwas Geistreiches sagst, über mein Verhältnis zu Richard Wagner.
Catulle
Oh.
Judith
Das war Ernst, mein Lieber.
Catulle
Ich habe nur: Oh! gesagt.

Das Landhaus innen. Tag.

Cosima sitzt an ihrem Schreibtisch vor zwei Briefkuverts und wartet. Sie beobachtet im Spiegel die Tür im Hintergrund.
Schließlich klopft es und Judith tritt ein.

Judith
Ich störe nicht?

Cosima
Ich habe Sie doch erwartet.
Die Briefe sind fertig.

Erst jetzt steht sie auf und wendet sich Judith zu.

Cosima
Hier, der Brief an meinen Vater, und hier –
Judith
An Baron von Bülow.
Cosima
An meinen Mann.
Es ist sehr freundlich, daß Sie in diesen Ihnen ganz und gar fremden Angelegenheiten vermitteln wollen.
Judith
Ich würde alles für Richard Wagner tun, alles.
Cosima
Ja.
Nur deshalb habe ich auch gewagt, Ihre Reise nach München für unsere Zwecke auszunutzen.

Die beiden haben sich in Bewegung gesetzt und durchlaufen, wie Cosima in der ersten Sequenz, nur in entgegengesetzter Richtung, einige Räume im ersten Stock, steigen die Holztreppe hinunter, durchqueren die Eingangshalle, das Entree, das Gästezimmer, das Teezimmer, um schließlich den Salon zu erreichen.
Judith redet hastig und enthusiastisch auf Cosima ein, es ist ihre letzte Gelegenheit für ein Gespräch unter vier Augen. Cosima reagiert nur kühl und wie geistesabwesend.

Judith
Vielleicht bin ich Ihnen einige Erklärungen schuldig. Womöglich fanden Sie mein Benehmen zuweilen zu – aufdringlich.
Cosima
Ich wüßte nicht, wann, und wüßte nicht, warum.

Judith

Sie leben nun seit Jahren mit Richard Wagner. Vielleicht haben Sie sich daran gewöhnt, aber –

Cosima

Daran kann sich kein Mensch gewöhnen.

Judith

Aber nun stellen Sie sich bitte vor, Sie würden eines Tages Homer begegnen, oder Dante, oder Shakespeare!

Cosima

Und warum sollte ich mir das vorstellen, meine Liebe?

Judith

Weil, so ist es mir vorgekommen, als ich plötzlich vor dem lebendigen, leibhaftigen Richard Wagner stand, und er sprach und atmete und lachte –

Cosima

Sie haben ihn auch bezaubert. Und was mich betrifft: mich freut alles, was ihn freut.

Judith

Ist das wirklich wahr?

Cosima

Es ist schade, daß wir Sie morgen nach München verlieren, aber das gesellschaftliche Ereignis, das Sie dort erwartet –

Judith

Catulle und ich sind Ihnen unendlich dankbar, daß Sie uns Zutritt schon zu den Proben im Hoftheater –

Cosima *leicht und zweideutig*

Das habe ich sehr gern getan, mein Liebes.

Judith

Ich will auch in München mit aller Kraft für Sie eintreten, bei allen Ihren Gegnern, auch bei Ihrem Vater – und – man kennt Sie einfach nicht!

Cosima

Schon gut.

Cosima ist wie zögernd an der Tür vom Teezimmer zum

Salon stehengeblieben, durch die man Wagners erregte Stimme hört, was Judith während ihres letzten enthusiastischen Bekenntnisses entgangen ist.
Cosima öffnet übertrieben schnell die Tür.

Salon. Tag.

Catulle Mendès und Wagner stehen sich mit Apéritif-Gläsern gegenüber. Wagners Gesicht zuckt vor Erregung. Er fährt sofort die eintretende Judith an.

WAGNER
Es ist also wahr, was mir bis eben verheimlicht wurde und was Ihr Mann mir nun eröffnet? Sie müssen also unbedingt schon morgen nach München?! Nichts und niemand kann Sie noch zurückhalten?

CATULLE
Ich habe Herrn Wagner zu erklären versucht, wie gern wir schon die Proben zu »Rheingold« besuchen möchten, und Madame hat ja unseren Wunsch unterstützt, liebenswürdigerweise.

WAGNER *zu Cosima*
So, du hast –
Obwohl alle Welt weiß, daß ich diese hastige schlampige Raub-Aufführung boykottiere.

JUDITH
C'est le premier »Rheingold« au monde. Wer könnte da verzichten, auf eine Richard-Wagner-Weltpremiere?!

WAGNER
Ich! Ich verzichte darauf, und alle meine wahren Freunde auch.
Denn diese noble »Welt«, Madame, in die Sie morgen reisen, sie tritt mich, meine Schöpferrechte, sie trampelt mein Werk in den Dreck. Aber bitte, wenn Sie diesem

Schauspiel unbedingt beiwohnen möchten, dieser meiner Besudelung, Verhöhnung, Enteignung, Zerstörung – bitte –

Er stürzt aus dem Raum, die Tür bleibt offen. Cosima schließt sie gelassen.
Catulle war die ganze Szene peinlich, er versucht das hinter einem unverbindlichen Lächeln zu verbergen.
Judith ist entsetzt.

JUDITH *zu Cosima*
Aber – aber – warum haben Sie uns denn nicht abgeraten, von dieser Reise?

Arbeitszimmer. Tag. Dämmerlicht.

Auf seinem Stutzflügel liegt klein zusammengekrümmt und schluchzend der Meister.
Cosima zieht gerade langsam die Vorhänge zu, sodaß im Raum das übliche Dämmerlicht herrscht.
Dann beginnt sie ruhig und zeremoniell einige über den ganzen Raum verteilte Kerzen anzuzünden, es sind am Ende elf.
Wagner richtet sich langsam auf, trocknet sich das Gesicht mit einem großen Taschentuch, bleibt aber auf dem Flügel sitzen.

WAGNER
Ich lebe wie ein Tier.
COSIMA
Ja, in der Unschuld.
WAGNER
Und alle Welt behandelt mich auch so: wie ein Tier.
COSIMA
Unsere französischen Freunde – sind die etwa die Welt?

Aber, wir brauchen doch diese »Welt« nicht mehr. Das haben wir uns doch geschworen. Du mir. Ich dir.
Richard. Schließ nicht so belästigt die Augen. Schau dir die Kerzen an, es sind elf.
Wir feiern heute einen Jahrestag, den elften Jahrestag unseres Wiedersehens damals in –

WAGNER

In – wo?

COSIMA

Dann hast du's also vergessen.

Cosimas Schreibtisch. Tag.

Cosima ist an das Fenster neben dem Schreibtisch getreten und schaut an den Vorhang gelehnt hinunter auf:
die Wiese vor dem Haus, über die Catulle und Judith in Reisekleidung gehen, gefolgt von Diener Jakob und seiner Frau Vreneli mit dem Reisegepäck.
Was nun zu sehen ist, eine kurze Vision, eine Einbildung, sieht trotzdem aus wie Realität:
Aus einem der Bäume winkt plötzlich eine Hand, dann erscheint »Wagner«, also ein Mensch mit seiner Figur, seinen Bewegungen, seiner Kleidung, der seiltänzerisch einen Ast entlang balanciert, sich dann weich hinunter auf die Wiese fallen läßt, auf der er sich mit einer weichen Rolle rückwärts abfängt, worauf eine Rolle vorwärts folgt, aus der schön langsam ein Handstand hochgestemmt wird.
Das Ehepaar Mendès, Jakob und Vreneli haben der Vorführung fassungslos zugesehen.
Aus dem Haus hört man zum Ende dieser Szene schon Wagners Stimme in übertrieben mächtigem Rezitativ-Gesang.

Wagners Stimme
Gott sei Dank! Gott sei Dank!

Cosima hat sich eilig zurück an ihren Schreibtisch gesetzt und beobachtet im Spiegel wieder die Tür im Hintergrund. Die Tür wird aufgestoßen und singend, mit großer Auftrittsgebärde, erscheint Wagner.

Wagner
Gott sei Dank! Gott sei Dank!
Das Weib war schön, war klug und schlank.
Doch: Gott sei Dank und Cosima!
Das Weib ist weg und du bist da!

Er läßt sich steif vornüber fallen, Cosima fängt ihn ernst und sachlich auf. Die beiden stehen eine Weile in steifer, enger Umarmung, zunächst stumm.

Cosima
Wir haben Fehler gemacht, Richard. Wir dürfen uns nichts mehr verheimlichen. Wer etwas verheimlicht, der schont den anderen nicht, sondern: der übt Macht aus.

In Wagners rechter Hand, hinter Cosimas Rücken, ist ein Briefkuvert zu sehen mit der Aufschrift: I. H. Baronin Cosima von Bülow.

Die Holztreppe in der Eingangshalle. Tag.

Wagner hat den Brief noch auf der Empore erbrochen. Während er den Inhalt überfliegt und, immer langsamer, die ersten Stufen absteigt, summt er und murmelt er noch Zeilen seines Rezitativs.

Wagner
– das Weib war schön –

– war klug, war schlank –
– doch: Gott sei Dank und Cosimaaah – –

Er hat abgebrochen und ist mitten auf der Treppe stehengeblieben.
Der Inhalt des Briefes scheint ihn erst zu belustigen, dann zu erbittern.
Das zweite Blatt liest er nicht mehr, sondern verstaut eilig Blätter und Kuvert in einer Brusttasche und geht nun langsam, in Gedanken die Treppe hinunter.

Eine holzgetäfelte, verrauchte, lärmreiche Weinstube. Tag.

Zunächst ist nur ein nervöses Stilleben zu sehen: ein gut gefüllter Aschenbecher, eine zitternde Hand mit Zigarette, die fahrig mit einer kleinen, damenhaft eleganten Pistole spielt.

Hans von Bülows Stimme
Falls Sie annehmen sollten, ich hätte dieses verregnete Schweizer Kaff nur aufgesucht, um Richard Wagner zum Duell aufzufordern, weil er vorübergehend – oder – für immer mein Leben zerstört hat, durch diese jahrelang sich hinzerrende Affäre mit meiner Frau, mit Cosima –

Die Hand hat die Zigarette zum Mund geführt, erst jetzt erscheint Bülows Kopf, ein fast kahler Schädel mit einem schmalen, nervösen, früh gealterten Gesicht.

Hans von Bülows Stimme
– falls Sie das annehmen sollten, dann wenden Sie bitte meiner Visage Ihre kritische Aufmerksamkeit zu: Sieht so ein Mörder oder Selbstmörder, sieht so ein Held aus?
Zwar, mir fehlt es durchaus nicht an persönlichem Mut,

und der Name Bülow und meine – tja, meine Ehre bedeuten mir etwas, und Cosima habe ich geliebt, verehrt – jawohl, ich übertreibe nicht: ich habe sie an-ge-be-tet – aber leider – leider verstehe ich auch etwas von Musik, und Richard – Richard Wagner in den Kopf zu schießen, sein kompositorisches Hirn zu vernichten, die »Götterdämmerung« auszulöschen, bevor er sie aufschreiben konnte –, das –

Bülow scheint fern im Raum etwas Überraschendes entdeckt zu haben. Hastig läßt er die kleine Pistole in seinem Rock verschwinden.
Wagner setzt sich ihm gegenüber an den Tisch.
Bülow hat sich abgewandt, er zeigt Wagner, ohne ihn anzusehen, zunächst nur das Profil. Zu sprechen beginnt er in dieser Haltung erst nach einer Weile gemeinsamen Schweigens.

BÜLOW
Ich hatte an *Cosima* geschrieben. Sie kontrollieren also die Post meiner Frau. Oder soll ich annehmen, daß Cosima Sie zu diesem Rendezvous geschickt hat?
WAGNER
Hans, du siehst miserabel aus.
BÜLOW
Danke. Das steht sogar in der Zeitung. Die Presse trieft vor Mitleid:
»Der gramgebeugte, ritterliche Maestro dirigierte den ›Tristan‹ seines Meisters mit einem Feuer –«
Der »Gramgebeugte« bin ich, mein »Meister« sind Sie. Oder sind Sie nicht inzwischen so etwas wie mein Schwager geworden?

Er sieht zum ersten Mal Wagner an.

WAGNER
Hans! Rede doch ernst.

Bülow

Ich bin auf dem Weg nach Italien. Das macht heiter. Una anima felicissima.

Wagner

Du hast alles aufgegeben?

Bülow

Deutschland habe ich aufgegeben – mit Vergnügen. Meine Töchter muß ich wohl aufgeben – »gramgebeugt«. Cosima hat mich aufgegeben. Aber Sie, Meister, würden mich sicher auch weiterhin gern als Ihren Chefdirigenten einsetzen. Doch mir fehlt die Zeit. Muß Italienisch lernen. Mi dispiace.

Wagner

Cosima geht es nicht so sehr gut. Sie leidet, sehr. Um dich, Hans.

Bülow

Unser täglich schlechtes Gewissen gib uns heute.
Ich bin gekommen, um Cosima davon loszusprechen. Falls Sie mir noch eine letzte Unterredung mit unsrer lieben Frau gewähren, unter vier Augen. Morgen, zwischen fünf und sieben, könnten Sie doch auf einem längeren Spaziergang von Ihrem Schlößchen abwesend sein.

Wagner scheint den Vorschlag, nicht ohne Mißtrauen, zu überlegen.

Bülow

Wenn ich dich so ernsthaft und listig abwägen sehe, ob du mir nicht besser mißtrauen solltest – du mir! – dann fürchte ich doch, Richard, du könntest in deinem göttlichen Kopf noch immer nichts begriffen haben.

Er wirft plötzlich die kleine Pistole auf den Tisch.

Bülow

Hier!
Vor drei Tagen noch hatte ich ernsthaft vor, Sie zum Duell zu fordern.

WAGNER
Ach, Hans. Wir hätten doch beide aneinander vorbeigeschossen.
BÜLOW
Ich nicht.
Ich habe, eigens zu diesem Zweck, vierundzwanzig Schießstunden genommen, in Wiesbaden. Mit zehn Schüssen einhundertundsieben Ringe erreicht, ein ziemlich tödliches Ergebnis.
Du hättest keine Chance gehabt, Richard.

Wagner hat lächelnd die zitternd gestikulierende Hand mit der Zigarette beobachtet.

WAGNER
Vielleicht hast du im Augenblick wirklich keine Kraft fürs Dirigieren. Weißt du, worüber wir sehr oft reden, Cosima und ich: du solltest deine Kompositionsversuche wieder aufnehmen. Vielleicht in Italien.
Dir hat es immer nur an Vertrauen zu deinem Talent gefehlt –
BÜLOW
– am Biß –
WAGNER
– ja, am Willen, es der ganzen Welt zu zeigen, was für ein Kerl du bist, auch als Komponist.
BÜLOW *mit wieder abgewandtem Gesicht*
Danke.
Und Ihre Arbeit? Immer noch Siegfried drei oder schon Götterdämmerung eins? Läuft die Kompositionsmaschine?
WAGNER
Wär ich nicht so glücklich, Hans, hier draußen, außerhalb der Welt, so glücklich – die Maschine würde besser laufen.
BÜLOW
Ach.

Cosimas Schlafzimmer. Tag.

Der Vorhang um Cosimas Baldachinbett ist zugezogen. Neben dem Bett Siegfrieds Wiege, über die sich gerade Hans von Bülow beugt.

Bülow
Ich vergebe.
Ich vergebe dir, Säugling. Ich vergebe deiner Mutter. Ich vergebe sogar deinem Erzeuger.
Je pardonne.
Cosima
Il ne faut pas pardonner.
Il faut comprendre.
Bülow *immer noch zu Siegfried*
Da gibt es nichts zu vergeben, sagt deine Mutter. Verstehen soll ich. Sagt sie, und das auf französisch.

Er läßt sich in einen Sessel fallen und zieht sein Zigarettenetui.

Bülow
Darf ich? In Siegfrieds Gegenwart?

Aber Cosima hat die Wiege schon behutsam in das Ankleidezimmer geschoben.
Bülow hat zu rauchen begonnen.

Bülow
Il faut comprendre!
Und mir ist der Kopf schon ganz weich geworden vor lauter Verstehen und Verzeihen und Vergeben.
Zwar, die Ehe ist ein Sakrament, dachte ich immer. Auch wenn es aus meinem Mund wie ein Witz klingen sollte. Aber die Kunst und Wagner brechen alle Sakramente.

Cosima hat sich aus Bülows Etui ruhig eine Zigarette genommen. Sie bittet ihn mit einer stummen Geste um Feuer, das er ihr verblüfft gibt.

COSIMA
Stört's dich? Wenn ich rauche?
BÜLOW
Es erinnert mich nur, leider, an früher, an Berlin und auch, leider –
COSIMA
Lassen wir das. Ja?
Hans, wir haben wenig Zeit, keine Zeit für Theater. Laß uns bitte ruhig und vernünftig reden. Und leise. Die Kinder dürfen dich nicht hören.
Einverstanden?
Einverstanden.

Sie setzt sich rauchend vor ihm auf den Boden, den Rücken gegen seine Beine gelehnt, so daß sie sich nicht ins Gesicht sehen können. Das scheint eine für beide vertraute Haltung aus der Zeit ihrer Ehe. Eine Weile sitzen sie beide rauchend und schweigend.

BÜLOW
Letzte Woche war ich entschlossen, auf ihn zu schießen. Ja, ich wollte mich mit Richard Wagner duellieren.
Hier!

Er hält ihr die kleine Pistole vor das Gesicht.

COSIMA
Mit diesem Spielzeug?
Ach, Hans, wir wissen doch, daß du dafür zu schwach bist.
Schwach, wenn auch manchmal mutig.
Selbst in den Zeiten, in denen du mich sehr oft geschlagen hast –
BÜLOW
Ich dich?

COSIMA
Du mich.
Aber du hast immer nur zugeschlagen aus Schwäche. Ich hatte nie irgendeine Angst vor dir. Auch wenn du fest zugeschlagen hast.

Bülow hat Cosima die kleine Pistole spielerisch gegen die Schläfe gedrückt.

COSIMA
Es hat mir nicht einmal weh getan. Und du wußtest genau: ich würde mich wehren, ich würde zurückschlagen, wäre ich nicht davon überzeugt, daß ich jeden deiner Schläge verdient hätte. Ja, ich war böse zu dir, damals. Und selbst, wenn du mich heute wieder schlagen solltest –
Deine kleine Pistole, nehme ich an, ist nicht geladen?

Sie nimmt sie ihm mit einem festen Griff aus der Hand, sieht kurz ins leere Magazin und wirft die Waffe beiseite.

COSIMA
Mein armer kleiner Hans. Was für ein Verzweiflungstheater.
Du ahnst nicht, wie müde auch ich immer wieder bin, lebensmüde. Oder meinst du, das ist von früh bis abends ein Fest, der Alltag in diesem verregneten Schweizer Kaff?
Aber ich habe meine Lebenslektion geschluckt, mir einverleibt und angenommen. Und du?
Dienen und opfern, mehr haben wir beide nicht zu erwarten. Ein herrliches, ein miserables Leben.
Dein Leiden und mein Leiden – ja, auch ich gestatte mir zu leiden, Hans –
BÜLOW
Nur Richard Wagner befindet sich frisch und wohl.
COSIMA
Als ob es um ihn ginge.
Oder um mich. Oder dich.

Bülow
Denn wir alle dienen nur der Musik.
Cosima
Daran zweifelst du? Seit wann?
Bülow
Er, Richard, hat sich mit seinem unnachahmlichen Taktgefühl danach erkundigt, ob ich meine »Kompositionsversuche« nicht wieder aufnehmen wollte.
Cosima
Und: willst du? Dein Komponieren, Hans –
Bülow *schreit plötzlich los*
Komponieren!
Ich, komponieren! Jetzt! Am Nullpunkt meines Lebens! Jetzt, wo ich um nichts weiter bemüht bin, als vom Nullpunkt aus weiterzuleben. Ganz vorsichtig: zu leben. Und wozu? Wozu eigentlich?

Seine Rede ist in einen stummen Weinkrampf übergegangen. Cosima, die während seines Ausbruchs noch starr vor ihm gesessen hat, ist nun langsam aufgestanden, nimmt sich eine neue Zigarette, die sie sich selbst anzündet. Sie beobachtet den Zustand ihres Mannes, als hätte sie ihn schon oft so außer sich gesehen.

Cosima
Haben wir nicht vereinbart, daß die Kinder deine Stimme nicht hören sollten? Hans!
Dein Heulen war immer auch eine Erpressung.
Ich mag keine weinenden Männer.

Bülow hat sich umständlich das Gesicht abgetrocknet. Er sieht erschöpft, aber ruhig aus.

Bülow
Il ne faut pas pardonner.
Il faut comprendre.

Cosima
Hans, was ich dir jetzt sage, habe ich mir seit Wochen überlegt, aber du, du hast nur eine Minute Zeit, dich zu entscheiden.
Geh dort hinüber, dorthin, zum Bett, ja, zieh den Vorhang zurück, den Vorhang, und – was siehst du?

Der erschöpfte Bülow hat ihre Anweisungen stumm und wie benommen ausgeführt, er steht jetzt vor drei auf dem Baldachinbett abgestellten, verschieden großen, prall gepackten Reisetaschen.

Cosima
Frage nicht warum, frage überhaupt nichts mehr – aber, ich habe das Nötigste gepackt, und wenn du dich in dieser Minute so entscheidest, dann komme ich – mit dir – dann werden wir unsere – unsere Ehe fortsetzen. Sag nur ein Wort. Nur: Ja.
Es wird die Hölle, Hans.
Aber diesmal halten wir sie durch.
Also: Ja?

Bülow hat die ganze Zeit mit dem Rücken zu Cosima vor den drei Reisetaschen gestanden.
Jetzt kehrt er, ohne sie anzusehen, in seinen Sessel zurück.

Bülow *monoton, als läse er aus Akten vor*
Weißt du, was ich denke?
Ich denke: »Welches Glück für diese, ihrem ersten Mann gegenüber viel zu bedeutende Frau, nun endlich von ihm getrennt zu sein und die erste, traurige Hälfte ihres Daseins durch eine zweite, bessere Hälfte korrigieren zu können.«
Und nun, noch kurz zum Geschäftlichen.
Für die materielle Wohlfahrt meiner Töchter werde ich auch nach der Scheidung aufkommen. Ich lebe zwar, als Dirigent und Pianist, nur vom Verkauf meiner Arbeitskraft, wie jeder andere Proletarier auch. Aber der Prolet

Bülow könnte den Reingewinn einer Konzertreise durch die Vereinigten Staaten von Amerika anlegen als Mitgift für Daniela, für Blandine und – tja, auch für Isolde – falls Isolde tatsächlich noch meine Tochter gewesen sein sollte.
Ist das zu klären?
Cosima!

Aber Cosima steht längst vor ihrem Bett und räumt die Reisetaschen aus.

COSIMA
Ich packe aus.
Denn von dieser letzten Stunde zwischen uns darf niemand auf der Welt erfahren.

Kinderzimmer. Abend.

Um den Tisch herum sitzen Blandine, Isolde und Eva, auf dem Tisch Daniela, die aus einem Märchenbuch vorliest. Die Kindergruppe erscheint durch einen sich langsam und unhörbar immer weiter öffnenden Türspalt.

DANIELA
Es war einmal eine garstige Mama, die liebte ihren Mann nicht mehr. Denn der war arm und krank. Er rauchte, hustete und schimpfte auch viel. Da nahm die garstige Mama ihre Kinder und verließ ihren Mann. Sie wollte einen anderen heiraten. Der war nämlich reicher und freundlicher und auf der ganzen Welt berühmt.
COSIMA
Daniela!

Die anderen Kinder haben ihre eintretende Mutter schon einen Augenblick früher gesehen, Eva strahlend, Isolde verlegen, Blandine mit einem abweisenden Blick.

Daniela sieht erst jetzt von ihrem Buch auf, ruhig, ohne zu erschrecken.

COSIMA
Daniela, du kommst mit.

Die beiden verlassen den Raum, Daniela voraus, das große Märchenbuch noch aufgeschlagen unter dem Arm.

Cosimas Schlafzimmer. Abend.

Daniela mit dem Märchenbuch und hinter ihr Cosima betreten das Schlafzimmer. Cosima schließt die Tür. Das Kind steht trotzig schweigend.

COSIMA
Daniela. Ich möchte, daß du diesmal nicht lügst.
Hast du deinen Geschwistern diese Geschichte zum ersten Mal erzählt?
DANIELA
Ich habe vorgelesen: Das Märchen von Einem, der auszog, das Fürchten zu lernen.

Sie hält ihrer Mutter das aufgeschlagene Buch hin.

COSIMA
Du lügst.
Soll ich deine Geschwister holen?
DANIELA
Ja.
COSIMA
Du meinst, die werden auch lügen?
DANIELA
Ich habe ihnen schon oft das Märchen von Einem, der auszog –

COSIMA

Du kannst mich nicht zwingen, dich zu schlagen. Aber ich will dich drei Tage lang nicht zu Gesicht bekommen.

DANIELA

Ja.

Darf ich in diesen drei Tagen an meinen Papa schreiben?

Cosima weist mit mühsamer Beherrschung, mit zitternd ausgestreckter Hand Daniela aus dem Zimmer. Das Kind geht steif und schließt die Tür überraschend sanft und langsam. Cosima hat auf dem Sessel Bülows vergessenes Zigarettenetui entdeckt. Hastig, fahrig nimmt sie sich eine Zigarette, klemmt sie zwischen die Lippen, zündet sie an und hockt rauchend, zusammengekrümmt, mit ausdruckslosem Gesicht in dem Sessel.
Sehr laut tönt von draußen Wagners Stimme.

WAGNERS STIMME

Cosimaaa! Cosimaaaa!

Erst nach einer Weile reagiert Cosima, steht auf und geht mit unsicheren, taumelnden Schritten zum Fenster.

Die Wiese vor dem Haus, aus Cosimas Fenster gesehen. Wagner kommt im Sturmschritt auf das Haus zu gelaufen. Sein Gesicht strahlt vor triumphaler Erregung.
Cosima hält die Zigarette weit weg vom Körper und öffnet mit der freien rechten Hand das Fenster.

WAGNER

Es ist Krieg. Endlich Krieg!!
Die Preußen marschieren gegen Frankreich.
Cosima! Wir werden siegen.

Im dunklen Innern der Kutsche. Tag.

Cosima hat gerade den Schleier vor ihrem Gesicht fallen gelassen: sie weint.

WAGNER
Kurz, so glücklich ist kein Mensch, wie ich.

Er läßt seinen Kopf in ihren Schoß sinken.
Mit zwei energischen Bewegungen zieht Cosima die Vorhänge vor die beiden Kutschenfenster, während sich ihre freie linke Hand in Wagners Haar krallt.

WAGNERS STIMME
Cosimaaa! Es ist Krieg.
Endlich Krieg!! Wir werden siegen.

Arbeitszimmer. Tag. Dämmerlicht.

Die schwere Klinke sinkt, die Tür öffnet sich langsam nach innen, teilt wieder die rote Portière, in der offenen Tür kniet Cosima, die langsam beide Hände von der Klinke sinken läßt, um sie dann strahlend auszubreiten und auf den Knien rutschend in den dämmrigen Raum vorzudringen.

WAGNERS STIMME
Cosima! Wir werden siegen.
Paris wird endlich brennen.
Die Kuppel der Grand Opéra wird verglühen, zu Asche.

In der Mitte des Raums hat Cosima Wagners Beine erreicht, die sie ekstatisch umklammert.
Sie will seine Stiefel küssen, aber er zieht die Widerstrebende hoch, um nun vor ihr in die Knie zu sinken und seinen Kopf in ihr dunkles Kleid zu wühlen.

WAGNERS STIMME
Die ganze welsche Kultur, die jüdische Musik, die Bordelle und Banken – das alles werden wir zusammenkanonieren.

Auf dem Gletscher. Blendendes Licht.

Auf dem beschneiten Eis stehen einige der düster plüschenen Möbelstücke aus dem Landhaus am See. Wagner thront, wieder im Wanderplaid, auf einem der Sessel. Cosima ist vor ihm in die Knie gesunken und hat ihren Kopf auf seine Schenkel gebettet.

Auf dem schmalen Pfad zum Gletscher steigen, von oben gesehen, aufwärts: Nietzsche, in Lodenumhang mit einer Rotkreuzbinde, in einigem Abstand hinter ihm Bülow, in galant italienischer Garderobe, blaß und kurzatmig, und schließlich als Schlußgruppe das Ehepaar Mendès, beide sommerfrischenhaft gekleidet, also frierend, Judith mit hastigen, staksigen, stolpernden Schritten, aber sie will sich von Catulle nicht stützen lassen.

WAGNER *zu den Aufsteigenden*
Krieg! Es ist Krieg.
Gegen Frankreich. Gegen die Juden.
Kehren Sie lieber um.
Zurück ins Flachland!
PROFESSOR N. *ruft zu Bülow zurück*
Krieg gegen Frankreich.
BÜLOW
Und gegen die Juden?

Aber Professor N. ist schon achselzuckend umgekehrt und steigt den Pfad nun mürrisch, apathisch abwärts.

Bülow *ruft dem Ehepaar Mendès zu*
Preußen gegen Frankreich!
Tut mir leid.
Bringen Sie sich in Sicherheit.
Judith
Man muß ihn verstehen.
Man muß Richard Wagner verstehen.
Auch jetzt. Gerade jetzt.

Sie hastet durchs Geröll stolpernd weiter nach oben, zum Hochsitz des hohen Paars, strauchelt und fällt Bülow vor die Füße. Er hebt die Zerschundene auf.

Bülow
Oder möchten Sie, Madame, lieber auf den Knien hochrutschen ins Licht?

Die Szene auf dem Gletscher hat sich verändert. Wagner sitzt wieder auf dem einbeinigen Jagdsitz, Cosima kniet an ihn geschmiegt neben ihm.
Das Paar betrachtet ein Stilleben der Zerstörung: das zerschlagene und zerfetzte welsche Mobiliar ist zu einem kleinen Scheiterhaufen übereinandergetürmt.

Wagner
Wie konnten wir, von diesem Pomp und Plunder umgeben, je einen deutschen Gedanken im Kopf bewegen?
Cosima
Wer sagt dir, daß deine Gedanken wahrhaft deutsch waren, bis jetzt?
Wagner
Heute abend, spätestens heute abend werden wir diesen Scheiterhaufen des Luxus anzünden.
Die Sünde soll leuchten.
Ich werde allen falschen Überfluß aus meinem Leben brennen. Das schwöre ich.

Cosima
Du solltest nicht schwören.
Aber du könntest es dir vornehmen.

Auf dem schmalen Pfad durchs Geröll wandern Professor N. und Hans von Bülow nun nebeneinander abwärts, vor sich, in einiger Entfernung, das Ehepaar Mendès.

Professor N.
Der Schaden, den Frauen im Leben großer Männer anrichten, ist unübersehbar: sie können ihre großen Männer nicht leiden sehen. Alles Große ziehen sie zu sich herunter, ins Bequeme, ins Kleinliche, ins Haushälterische.
Wer aber einem Genius sein Leiden erleichtern will, der wird ihn töten.
Bülow
Also, mir hat Frau von Bülow das Leben nicht gerade erleichtert.
Professor N.
Ariadne.
Bülow
Wie bitte?

Vor ihnen hat Judith gerade ihr theatralisch aufschluchzendes Gesicht umgewandt, aufblickend zur Höhe, zum Gletscher.

Catulle
Wenn du unbedingt umkehren willst, dann geh. Geh!

Judith strauchelt tatsächlich wieder bergan, stolpernd, fast fallend.
Die drei ungleichen Männer blicken ihr nach.

Auf dem Gletscher trinkt das hohe Paar jetzt feierlich Milch aus Sektkelchen.

Wagner
Ich erwarte von allen meinen Freunden und Feinden in diesem deutschen Kriegszustand: Härte, klaren Blick, Kälte, Ergebenheit ins Schicksal – also alles, was auch mich auszeichnet.
Paris wird verbrennen, zu Rauch und Asche. Und wenn nicht, so werden wir auch nicht klagen.

In einem Eisenbahnwaggon. Nacht.

Auf dem ausgebreiteten Stroh liegen Verwundete, schlafend, delirierend, apathisch wach.
Vor der einen Spalt geöffneten Schiebetür, unter dem Nachthimmel Nietzsche, wieder in der Lodenpelerine mit Rotkreuzbinde.

Professor N. *halblaut, beschwörend*
Ariadne.
Das Ungeheuer ist im Begriff, uns alle zu verschlingen.
Ariadne. A-ri-ad-neee.
Führe mich aus dem Labyrinth.
Stimme eines Verwundeten
Sag mal, Professor, zu wem redest du eigentlich?
Professor N. *erschrocken*
Nichts.

Er steigt vorsichtig über die Körper der Verwundeten und hockt sich in eine Waggonecke, unter eine dort aufgehängte Petroleumlampe.
Zwei der Verwundeten schauen, halb aufgerichtet, zu ihm herüber.

Der Verwundete
Ich hab aber was gehört, was wie Ari- oder Hari –

Der andere Verwundete
Der Professor schwätzt halt sei Geschwätz.

Die beiden legen sich wieder zurück ins Stroh, während Nietzsche, fast lautlos, mit den Lippen wieder den Namen bildet: A-ri-ad-ne, A-ri-ad-ne, Aaa-ri-ad-neee.

Der Verwundete *wieder aufgerichtet*
Warum redest du denn nicht lauter, Kamerad, wenn du schon reden willst?
Professor N.
Ariadne.
Der Verwundete
Deine Braut?
Professor N.
Ariadne, erzählen die Griechen, hat den Helden Theseus aus dem Labyrinth geführt, aus dem Labyrinth des menschenverschlingenden Ungeheuers Minotaurus.

Der Verwundete hat sich wieder, gelangweilt, zurückgelegt.

Der andere Verwundete
Sei Mädel hat halt ein andern.
Hatt ein andern geheiratt.
Der Verwundete
Das hat dir der Professor erzählt?
Der andere Verwundete
Das braucht der mir net zu verzelln. Das isch immer so.

Nach einer Weile zieht Nietzsche, nun wieder unbeobachtet, einen runden Taschenspiegel, in dem klein sein von der Petroleumlampe trübe beleuchtetes Gesicht erscheint.
Er bildet zunächst wieder, fast lautlos, die Silben des Namens A-ri-ad-ne, Ari-ad-neee. Dann wagt er es, sehr leise zu sprechen.

Professor N.
Führe mich!
Führe mich aus dem Labyrinth.

Der Salon als Weihnachtszimmer. Tag.

Cosima ist mit dem Schmücken des Baumes beschäftigt, hängt vergoldete Äpfel, Ketten, Schleifen, Kugeln in die Zweige.

Stimme Professor N.
Es gibt keine »Wahrheit«.
Es gibt auch kein »Glück«.
Das sind unmögliche, unerreichbare Lebensziele. Obwohl uns die Philosophen seit Jahrtausenden mit der Idee des »Glücks« oder der »Wahrheit« gesundbeten wollen.
Was geht die Menschen die Wahrheit an! So ruft die Kunst, die nicht Erkenntnis will, sondern –

Professor Nietzsche kniet auf dem Boden des Weihnachtszimmers und packt, während er für Cosima doziert, aus einem Karton und Geschenkpapier einige Marionetten aus. Er trägt zum ersten Mal eine Brille und hat trotzdem Mühe, die Fäden zweier Puppen, eines schwarzen Teufels und eines bunten Kasperles, zu entwirren.

Professor N.
Oh, ich langweile Sie.
Cosima
Nein nein, ich höre Sie gern philosophieren.
Professor N.
Das ist aber keine »Philosophie«.
Cosima
Sondern?
Professor N.
Erfahrung. Auch Ihre tägliche Erfahrung. Das wissen Sie doch.

Cosima hört den jungen Professor zum ersten Mal in ihrer Gegenwart so ungehemmt und vertraulich reden. Sie wird neugierig und fürchtet doch diese Nähe.

Cosima
Was weiß ich?
Professor N. *leise und dringend*
Wer sich einem fremden Genius unterwirft, wie Sie, wer ihm dient, ihm opfert, an ihm leidet, wie Sie tagtäglich – der sucht doch nicht das »Glück« oder die »Wahrheit« –
Cosima
O doch. Ich glaube, Professor –

Cosima ist, bemüht heiter, auf einen Stuhl gestiegen, um die Spitze des Baums zu schmücken. Nietzsche hat, offenbar um sie besser zu sehen, die Brille abgenommen. Er läßt sich nun nicht mehr unterbrechen.

Professor N.
Nein, Sie wollen nicht, wie jeder kleine Mensch, Sie wollen nicht wissen, wie leicht sich das Leben nehmen läßt und wie weich das Bett ist, Sie wollen, Cosima, im Gegenteil das Leben spüren und das heißt doch: am Leben leiden.
Was verbindet uns beide, wenn nicht dies? Wenn nicht dies?

Er kommt, kurzsichtig und unbeholfen, über die herumliegenden Pakete und Geschenke zu ihr herüber, um den Stuhl zu halten, auf dem sie steht.
Mit dem Schmücken hat sie, von seiner Rede entzückt und entsetzt, inzwischen eingehalten.

Professor N.
Warum und wozu leben wir?
Sie? Ich?
Doch nicht, um im elenden Puppenspiel der bürgerlichen Gesellschaft artig eine Rolle zu spielen, als Gattin, Priester, Professor, Greis, Oberstudiendirektor, Hetäre –
Nein, wir beide, Sie und ich, wollen eine andere Lektion vom Leben lernen, wir –

Cosimas Stiefel ist auf Nietzsches Hand getreten. Nietzsche erstarrt vor Schmerz, ohne aber einen Laut von sich zu geben. Cosima scheint nichts zu bemerken, sondern steigt, leicht auf ihn gestützt, vom Stuhl.

COSIMA
Danke.

Sie schmückt weiter den Baum, Nietzsche hat sich, über die schmerzende Hand gebeugt, auf den Stuhl neben ihr gesetzt.

COSIMA
Ich weiß, ich ahne immerhin, wovon Sie reden. Aber – bitte –

Nietzsche, benommen, wie in Trance, redet nun doch weiter.

PROFESSOR N.
Denn es gab Augenblicke, ewige Augenblicke, Cosima, in denen mir klar wurde, daß Ihr Leben noch eine Zukunft offen hält, auch für mich, weil Sie mit dem untrüglichen Instinkt der Leidenden immer gewußt haben, wo Sie gebraucht werden, denn Sie und ich, wir beide –

Die Schmückende sieht so streng und ergriffen auf ihn herunter, daß er einen Augenblick schweigt.

PROFESSOR N.
Auf dem Rücken eines Tigers hängen wir, nichts wissend, nichts ahnend, tief träumend – zum Glück.

Cosima kniet jetzt neben dem Baum und versucht gleichmütig weiter zu schmücken.

COSIMA
Auf dem Rücken eines –
PROFESSOR N.
Ja, eines Tigers, denn das Leben ist gierig, listig, ist unersättlich, ist erbarmungslos, mörderisch.

Cosima
Keine sehr weihnachtliche Unterhaltung.
Professor N.
Als ob Sie nicht wüßten, daß Ariadne – Ariadne, nachdem der listige Theseus sie verlassen hatte – auf dem Rücken eines Gottes erwachte, auf dem Rücken des Dionysos, eines Gottes in Tigergestalt. Ariadne.

Nietzsche ist verzückt, die Kniende sieht ihn wieder fremd und erschrocken an.
Aber inzwischen ist Wagner leise in das Weihnachtszimmer eingedrungen und tritt zu den beiden.

Wagner
Ein Tiger? Ich soll ein Tiger sein?!

Nun erst bewundert er den Baum.

Wagner
Oh wie schön!
Nun fehlt nur noch eins: Musik.

Und halb geistesabwesend summt er das erste oder zweite Motiv des Siegfried-Idylls und streicht der Knienden und dann auch dem sitzenden Nietzsche dabei durchs Haar.

Das Weihnachtszimmer. Nacht.

Die Tür zum Zimmer öffnet sich und gibt den Blick auf den Baum mit brennenden Kerzen frei.
Cosima sitzt, daneben Siegfried in der Wiege, rechts und links von Mutter und Kind stehen Wagner und Nietzsche.
Durch die Tür sind Daniela, Blandine, Isolde und Eva eingetreten, alle vier in weißen Engelsgewändern, einen Kranz mit vier Lichtern auf dem Kopf. Wagner dirigiert den Sprechchor der Kinder.

Die Kinder
Heil, Heil der Mutter, unserer Mama,
ihrer Kinder Hort und Tugendlehr,
Beste der Frauen, wie ziert dein Lob dich hehr,
liebend gewonnen,
soll Freude dir lohnen.

Sie knien nun anbetend vor der Wiege.

Die Kinder
Heil, Heil dir Siegfried, süßer Fidi,
holder Sohn, ersehnter Bruder,
unseres Lebens Steuerruder,
Welt zum Trutz,
uns zum Schutz,
Heil und Nutz.
Wagner
Ja, das war's.
Kein starkes Gedicht, aber ein gutes.

Das Weihnachtszimmer. Tag.

Das Marionettentheaterchen ist aufgestellt.
Wagner, selbst unsichtbar, spielt die Teufels- und die Kasperlepuppe.
Die vier Töchter, Cosima und Nietzsche sind das Publikum.
Man trinkt Champagner, die Kinder aus Puppengläsern. Es wird viel gelacht.

Wagner *als Teufel*
Wie, rief der Herr im schwarzen Anzug, so wünschen Sie etwa als Künstler keinen Erfolg?!
Wagner *als Kasperle*
Doch, erwiderte ich, aber keinen falschen.

Wagner *als Teufel*
Ah, einen ächten Erfolg, einen deutschän – meinen Sie das?!
Aber Erfolg, bitte sehr, das bedeutet: wieviel Plätze, wieviel Billets sind verkauft, wieviel Honorar zahlt man. Ich kann Ihre opéras anbieten in die gesamte Wält. Bis nach Brasilien, wo der Kaiser Dom Pedro ein lebhaftes Interesse avisiert hat. Also –
Wagner *als Kasperle*
Mister, sagte ich, den Herrn im schwarzen Anzug unterbrechend, ich verzichte auf Ihre gesamte Wält.
Bauen Sie mir ein deutsches Nationaltheater. Dafür würde ich jeden Teufelspakt unterschreiben.
Wagner *als Teufel*
Ah, Sie belieben mich einen Teufäl zu nennen, schreit er.
Wagner *als Kasperle*
Ja, denn der Teufel versucht uns immer mit der Welt.
Aber wir wollen nur nach Bayreuth.
Wagner *als Teufel*
So, und das liegt wohl nicht auf der Wält!? Sondern wo, etwa im Himmäl?
Wagner *als Kasperle*
Bayreuth liegt im Herzen Deutschlands, erwiderte ich. Wo der Teufel zu Hause ist und der liebe Gott: ja, von dort ist es nicht weit zum Doktor Martin Luther.
Und um in Bayreuth mein Theater zu gründen, sagte ich zu dem Herrn im schwarzen Anzug, brauche ich keinen Musikagenten, und schon gar keinen jüdischen.
Wagner *als Teufel*
Nur Geld werden Sie brauchen, mein lieber Herr Wagner, sagte er, und so viel, wie Sie brauchen, werden Sie Ihr Leben lang nicht zu fassen kriegen. Nicht einmal, wenn ich Sie bis nach Brasilien verkaufe. Und dann: den Unterschied zwischen einem jüdischen und einem arischen Dollar, den sollten Sie mir mal erklären.

Erst jetzt taucht Wagners Gesicht hinter dem Puppentheater auf.

WAGNER
Und in diesem Augenblick bin ich aufgewacht aus meinem Traum.
DANIELA *zu Nietzsche*
Gibt es denn in Bayreuth keine Juden?

Das Weihnachtszimmer. Abend.

Der Christbaum liegt nun schmucklos schon am Boden, zum Abtransport bereit.
Daniela, auf den Knien herumrutschend, ist mit dem Aufräumen von Baumschmuck und Marionetten beschäftigt. Als sie die Teufelspuppe entdeckt, schlägt sie deren Kopf ein paarmal knapp und streng gegen eine Stuhllehne.

DANIELA
Apage Satanas! Apagee! Satanas.

Nietzsche, der leise eingetreten ist, beobachtet die Szene. Daniela verstaut die Puppe eilig in einem Karton.

PROFESSOR N.
Weißt du überhaupt, was das heißt?
DANIELA
Apage Satanas? Pack dich, Teufel. Der Satanas will uns nach Bayreuth führen, ins Unglück.
PROFESSOR N. *der sich zu ihr hinkniet*
Also: du warst hier glücklich, Daniela?
DANIELA
Von Ihnen hat die Mama immer gesagt: Das ist ein unglücklicher Mensch.

Nietzsche hat sich sofort erhoben. Daniela sieht lächelnd zu ihm hoch.

PROFESSOR N.
Ach? Das hat deine Mutter –? Und du? Hast ihr geglaubt?
DANIELA *immer noch lächelnd*
Weiß nicht.
Ich denke nur – ich denke manchmal, vielleicht hätten Sie sehr gern die Mama geheiratet.
PROFESSOR N.
Ich?!
Wer hat dir denn diesen Unsinn, wer hat –
DANIELA
Niemand.
Das seh ich.

Nietzsche kniet wieder vor Daniela.

PROFESSOR N.
Das darfst du niemals wiederholen. Zu niemandem. Hörst du. Hörst du?!
Ich habe dich um etwas gebeten, Daniela.

Er hat das ernst und kühl blickende Kind zaghaft an die Schulter gefaßt.

DANIELA
Mama hat auch gesagt: Der Professor ist sehr einsam. Ihr müßt euch vor ihm in acht nehmen.
Muß ich das?

Er läßt seine Hand von ihrer Schulter fallen.

Das Landhaus innen. Tag. Sehr hell.

Cosima ist wieder auf einem hastigen, wirren und doch suchenden Lauf unterwegs durch die Räume des Hauses, wie in der ersten Sequenz, doch diesmal sind die Zimmer entweder leer oder angefüllt mit zusammengerückten, gestapelten Möbeln, aufgerollten Teppichen, zusammengerafften Vorhängen, Kisten voller Bücher und Geschirr – Bilder eines trostlosen Aufbruchs, eines Umzugs. Auf einigen Kisten und Packen ist die Adresse: R. WAGNER – BAYREUTH zu erkennen.
Cosima stürzt durch das Gästezimmer, das Teezimmer, den Salon des Parterres, greift im Vorüberlaufen hastig in eine offen stehende Schublade, hebt ein Bündel mit Briefsachen auf, schüttelt ein Tischdeckchen aus. Sie hat offensichtlich die Fassung verloren. In der Galerie begegnet ihr die Hausbesorgerin Vreneli, den Kopf schüttelnd.

COSIMA
Nicht gefunden, nicht gefunden?
VRENELI
Ich weiß gar nicht mehr, wo suchen, in der Unordnung.
COSIMA
Dann ist er verloren. Verloren.

Sie stürzt weiter, immer noch mit fahrigen, hastigen Handgriffen im Umzugsgerümpel suchend.
In der Eingangshalle trifft sie auf den Diener Jakob und die beiden Töchter Daniela und Blandine. Alle drei starren auf den riesigen Neufundländer Ruß, der apathisch vor seiner gefüllten Futterschüssel liegt.

JAKOB
Der Hund frißt nimmer.
Das ist der dritte Tag, daß er nicht frißt.

Blandine
Er wird verhungern. Er wird auf der Reise verhungern.
Daniela
Er will nicht mit nach Bayreuth.

Cosima ist nach einem kurzen, geistesabwesenden Blick auf Ruß die Holztreppe ins erste Stockwerk hinaufgerannt.

Cosima
Wer nicht mit will, der soll hier bleiben.

Sie eilt nun planlos durch die oberen Räume, durch ein Entree, durch ihr eigenes Schlafzimmer, ein Ankleidezimmer, und erreicht, mit wieder langsameren, fast schleppenden Schritten das ehemalige Schlafzimmer Richard Wagners. Ein- oder zweimal ist sie an ein Fenster des oberen Stockwerks getreten, um hinunterzusehen auf:
den leeren Landungssteg,
die leere Wiese vor dem Haus,
die abmontierte Schaukel,
den umgeknickten Sonnenschirm.

In Wagners Schlafzimmer sinkt sie auf einen Stuhl zwischen den Möbelhaufen, starrt vor sich hin und beginnt schließlich lautlos zu weinen.
Daß durch die Tür zum Arbeitszimmer einige wehe, mühsam und falsch gegriffene Akkorde tönen, scheint sie nicht zu hören.

Arbeitszimmer. Tag.

Auch hier Bücherkisten, Stoffballen, zusammengestelltes Mobiliar, ein Bild der Umzugsverwüstung, auf das durch die vorhanglosen Fenster ein kahles Licht fällt.

Der Stutzflügel ist schon umgekippt, die Beine sind abgeschraubt. Vor der Tastatur kniet Nietzsche und spielt mühsam einige Akkorde mit der Rechten nach einem Notenblatt, das er in der Linken hält.
Wieder sinkt die schwere Klinke der Holztür, die sich langsam öffnet: Cosima erscheint, diesmal nicht auf den Knien, aber immer noch weinend.
Nietzsche hat sofort zu spielen aufgehört.
Er starrt sie an, aber sie entdeckt ihn erst, nachdem sie ein paar blinde Schritte im Raum gemacht hat.

PROFESSOR N.
Entschuldigen Sie.
COSIMA
Entschuldigen Sie.

Sie trocknet sich das Gesicht ab, er sucht seine Notenpapiere zusammen und steht dann umständlich auf.

PROFESSOR N.
Ich habe versucht, noch einiges an meiner Komposition zu bessern, die ich Ihnen zum Andenken an Silvester –
COSIMA *die kaum zugehört hat*
Sie sollten mich nicht in diesem Zustand sehen. Entschuldigen Sie.
Aber –
ich habe meinen Ehering verloren. Ich habe keine Hoffnung, ihn in diesem Gerümpel, in diesem Chaos –
ich –
Sie erinnern sich vielleicht an den Ring, er war sehr schmal – sehr – Sie haben ihn nicht gesehen, irgendwo?
PROFESSOR N.
Ich? Nein. Nein.
COSIMA
Sie werden auch kaum verstehen, was dieser Ring – aber ich – wir verlieren so viel in diesen Tagen – entschuldigen Sie meinen Zustand –

Sie wendet sich ab und geht auf die noch offene Tür zu.

PROFESSOR N. *sehr hilflos*
Aber vielleicht darf ich Ihnen die gebesserte Komposition, mein Albumblatt für Sie – zurückreichen.
In dieser Formlosigkeit – entschuldigen Sie.

Er drängt ihr die Notenblätter auf, die sie fast geistesabwesend, mit förmlichem Lächeln annimmt, um dann den Raum zu verlassen.
Nietzsche kramt, ihr nachblickend, in seiner Brusttasche. Einige gefaltete und geknüllte Notizzettel tauchen in seiner Hand auf, dann Cosimas Ehering. Er zwängt ihn sich langsam, mühsam und offenbar unter Schmerzen auf seinen Ringfinger.

Das Landhaus innen. Tag. Sehr hell.

Cosima geht, jetzt langsam und wieder an ein oder zwei Fenster tretend, ihren Weg zurück durch die Räume des oberen Stockwerks.

STIMME PROFESSOR N.
Ariadne besaß die Kraft, die List und die Liebe, um Theseus aus dem Labyrinth zu befreien, und Theseus, in seiner Dankbarkeit, entführte sie auf die selige Insel Naxos. Aber ihm, dem Ruhelosen, wurde das schöne Naxos bald zu eng, also verriet und verließ er seine Ariadne. Da nahte sich der Verlassenen ein Gott, Dionysos, freundlich wie ein Tiger.
Ariadne, sagte Dionysos, du bist ein Irrgarten. Aber ich, ein Gott, kann mich in dir nicht verirren.
Ariadne, flüsterte er ihr ins Ohr: Ich bin dein Labyrinth.

Cosima steigt langsam die Holztreppe herunter und läßt die Notenblätter des Professors achtlos fallen.

Auf dem Grünen Hügel. Tag.

Um das Loch mit dem Grundstein des künftigen Bayreuther Festspielhauses steht in einem trüb und gleichmäßig fallenden Regen die Wagner-Gemeinde unter Regenschirmen: man wird diesen Anblick zunächst für ein Beerdigungsbild halten.

Bis der redende Wagner auf einer kleinen hölzernen Kanzel neben dem Grundstein sichtbar wird. Sein Gesicht ist naß, einen freundlich über ihn gehaltenen Regenschirm hat er gerade zurückgewiesen. Unter der Zuhörerschaft Cosima mit den Kindern, das Ehepaar Mendès, der ernste Diener Jakob, die schluchzende Vreneli, der starr lächelnde Liszt, die nach allen Seiten Blickkontakte suchende Malwida von Meysenbug, der ernste Hund Ruß, Professor Nietzsche im Lodenplaid und, bis zur Unkenntlichkeit vermummt, ganz am Rande Hans von Bülow.

Wagners Rede läuft nur wie Hintergrundmusik zu den Bildern der Gemeinde und der einzelnen Figuren und Gesichter.

Er allerdings lauscht mit nassem Gesicht dem Klang der eigenen Stimme hingerissen nach.

WAGNER

Wenn wir uns dann über Jahr und Tag wiedersehen, meine Freunde und Gönner, dann wird sich über diesem Bayreuther Hügel, gestützt auf diesen Grundstein, ein riesiger, ein schmuckloser, ja ein unscheinbarer Bau erheben, unscheinbar von außen, aber in seinem Inneren vollkommen dazu ausgerüstet, einem andächtig aufgeschlossenen Publikum in szenischen Bildern die erhabenen Täuschungen einer idealen Traumwelt vorzuführen –, und dieser Bau wird uns allen, über Jahr und Tag, als ein kaum noch für möglich gehaltenes Wunder erscheinen –

Bülow hat Nietzsches Augen gesucht und gefunden. Er läßt, um sich zu erkennen zu geben, den Schal vor dem Untergesicht fallen.

WAGNER
Denn meine Hoffnung auf dieses Theater, liebe Freunde, ist mir aus meiner Verzweiflung selbst erwachsen.
Will, so fragte ich bange Jahre lang, will der deutsche Geist mich, meine deutsche Musik, meine deutsche Tragödie?
Begehrt ihr's wirklich, mein totales Theater?!

Bülow, wieder vermummt, hat sich zum Gehen gewendet. Mit einer Kopfbewegung fordert er Nietzsche auf, ihm zu folgen.

WAGNER
Denn der »Fortschritt«, an den die Masse der Verblendeten immer noch glaubt, muß sich schon fragen lassen, wovon er »fort« will und wohin er »schreitet«.

Professor N. und Hans von Bülow haben sich aus der Regen-, Fest- und Trauergemeinde gelöst und patschen über die Wiese und dann einen schlammigen Weg hügelabwärts.

BÜLOW
Ich weiß auch nicht, wohin wir »schreiten«, aber »fort« müssen wir.
An diesem Ort ist alles ungesund, sogar das Wetter.

Der Professor wendet sich noch einmal um und blickt zurück und hoch zu der kleinen Versammlung.
Cosima ist anzusehen, daß Sie den abwandernden Bülow nun erkannt hat.
Wagners Stimme ist nur noch sehr dünn und verweht zu hören.

WAGNER
Wir sind, das darf ich heute in aller Bescheidenheit sagen,

gegen diesen Fortschritt groß geworden, und was wir von ihm halten und seiner Welt des Wahns, davon werden unsere Aufführungen künden, in eben dem Bau, dessen Grundstein nun gelegt ist und den ich mit nichts Schönerem weihen kann als mit Ihrer Liebe, meine Freunde und Gönner, mit Ihren Segenswünschen und mit dem tiefen Dank, den ich Ihnen trage, Ihnen allen, die mit mir wünschten und hofften, die mir gaben und halfen, denen mein Untergang, mein oft so naher Untergang –

Nietzsche hat Bülow wieder eingeholt, beide sind springend, stolpernd und patschend auf ihrem nassen, schmutzigen Weg hügelabwärts.

BÜLOW
Entschuldigen Sie meine dämliche Vermummung. Ich wollte dabei sein, einerseits, aber doch all die Hörner, das prachtvolle Geweih, das mir der Meister auf die Stirn gesetzt hat, vor seiner Bayreuther Gemeinde nicht leuchten lassen.

Nietzsche sieht ihn an und lächelt.

BÜLOW
Ihr Mitgefühl wäre mir peinlich, aber daß Sie mich auslachen – gerade Sie – ja Sie, Professor –
Sie haben mir doch Ihr »Albumblatt für Frau Cosima Wagner« zukommen lassen. Ich sollte diese sogenannte Komposition beurteilen.

Er hält, mit halb nur gespielter Wut, die Notenblätter in den Regen.

BÜLOW
Das sind aber nicht Noten, sondern das sind – Gefühle und zwar schwüle.
Gefühle für was oder wen? Für Frau Cosima Wagner?

Ich habe etwas so, entschuldigen Sie, so Unappetitliches in Gestalt von Musik, von scheinbarer Musik –
Es tut mir leid, denn meine Sympathie für das, was Sie sonst schreiben oder denken, ist gigantisch, Nietzsche –

Der mit den nassen Noten gestikulierende Bülow hält inne, denn er sieht den Angegriffenen vor sich stehen und – lachen.

Professor N.
Darf ich Ihnen mein neuestes Gedicht vortragen? Eben entworfen? Also:
»Macht' ich's gut, so woll'n wir schweigen;
Macht' ich's schlimm –, so woll'n wir lachen
Und es immer schlimmer machen,
Schlimmer machen, schlimmer lachen,
Bis wir in die Grube steigen.
Freunde! Ja! So soll's geschehn? –
Amen! Und auf Wiedersehn!«

Die beiden wandern eingehakt und lachend hügelabwärts. Man sieht nur noch die nassen Rücken und hört Bülow undeutlich etwas murmeln.

Bülow
Donnerwetter – kaum von Ihnen erwartet – wenn auch etwas verrückt – etwas schon –

Oben auf dem Grünen Hügel hat Wagner beide Hände hoch über die Regenschirme erhoben, als erflehe er den Segen des Himmels oder werde gleich einem riesigen Orchester den Einsatz geben.

Zweiter Teil
Wahnfried

Halle (Wahnfried). Tag.

Die Solistenprobe zum »Ring« ist zu Ende. Das Faktotum Schnappauf in Dienerlivree reicht auf einem Silbertablett die Champagnergläser herum, doch die jungen Sänger produzieren noch, zu einer die Übergänge improvisierenden Begleitung am Flügel, Glanzstellen ihrer Rollen.
Wagner dirigiert andeutend, strahlend. Alle singen nach oben, in den hohen Hallenraum unter dem Glasdach.
Denn dort oben, auf der Galerie stehen Cosima und ihr Pariser Gast Judith Gautier, geschiedene Mendès.

MEZZOSOPRAN
Erwache, Mann, und erwäge!

Der Baß singt mit großer Gestik das Mauerwerk der Halle an.

BASS
Vollendet das ewige Werk!
Auf Berges Gipfel
die Götterburg;
prächtig prahlt
der prangende Bau!
MEZZOSOPRAN
Herrliche Wohnung,
wonniger Hausrat
sollten dich binden
zu säumiger Rast.
SOPRAN
O heh-heheheehrstes Wunder! –
WAGNER *unterbrechend*
Groß. Viel größer. Riesengroß.
Diese Töne müssen Ihnen die Seele aus dem Kopf reißen.
SOPRAN
O heh-heheheehrstes Wunder!

Herrliche Maid!
Dir Treuen dank ich heiligen Trost!
Für ihn, den wir liebten –

Wagner hat die Sängerin wieder abgewinkt.
Nun singt er allein, strahlend hinauf zu den Zuschauerinnen auf der Galerie.

WAGNER
Traulich und treu
ist's nur in der Tiefe.

Mit einem Fortissimo-Einsatz fallen die drei jungen Sänger ein.

SOPRAN, MEZZOSOPRAN, BASS
Falsch und feig
ist, was oben sich freut!

Der Kapellmeister donnert am Flügel das Rheingoldfinale.
Wagner und seine Sänger knien mit hocherhobenen Champagnergläsern.
Auf der Galerie versucht Cosima huldvoll zu lächeln.

COSIMA
Sie finden den Meister nicht verändert? Nach sieben Jahren?
JUDITH
Es waren ja nur sechs.

Innentreppe. Tag. Dämmerlicht.

Cosima und Judith steigen von der Galerie auf der fast lichtlosen Innentreppe in die Halle hinunter.

COSIMA
Er ist nämlich am Ende seiner Kraft, meine Liebe.

Ob nun diese Festspiele gelingen oder nicht: es könnte sein Tod sein.
JUDITH
Man sieht es ihm überhaupt nicht an.
Er scheint immer so – fidel.
COSIMA
Ich muß Sie auch bitten, es niemandem weiterzusagen.
Aber: wer ihn liebt, muß ihn schonen.

Der lächelnden Judith sieht man es an, daß sie solche Warnungen nicht ernst nimmt, sondern für Strategie hält.
Aus der Halle tönt nach dem Ende der Klaviermusik riesiges Gelächter.
Die beiden auf der Treppe sind stehengeblieben.

COSIMA
Diese Sänger sind wilde Menschen.
JUDITH
Schöne, kräftige Tiere.
COSIMA
Sie schonen ihn nicht.
Niemand schont ihn.

Sie stehen am Eingang zur Halle.

Halle. Tag.

Cosima und Judith sind eingetreten. Wagner probiert auf dem Flügel gerade einen Kopfstand, der gelingt, wenn auch mühsam, zitternd.

BASS *singt*
Vollendet das ewige Werk!

Cosimas Blick trifft ihn, aber er fährt unbeirrt fort.

BASS
Prächtig prahlt
der prangende Bau!
JUDITH
Ist das nicht wunderbar?
COSIMA
Nein.

Sie lehnt ein von Schnappauf angebotenes Glas Champagner ab. Der Baß verbeugt sich zu einem tiefen Handkuß vor ihr. Die beiden Sängerinnen versinken in fast schon parodistische Hofknickse.
Nun kniet der Baß vor Judith, um sie als Tristans Herr Marke anzusingen.

BASS
Dies wundervolle Weib –
der mein Wille
nie zu nahen wagte,
der mein Wunsch
ehrfurchtsvoll –
COSIMA *laut und schneidend*
Assez!

Die übermütige Gesellschaft erstarrt.
Wagner sitzt erschöpft, erschrocken auf dem Flügel. Jetzt nimmt Cosima offiziös strahlend ein Glas von Schnappaufs Tablett und setzt mit einer majestätischen Armbewegung zu einem Toast an.
Die alte Malwida von Meysenbug ist gerade in die Halle getreten und beobachtet die Szene mit freundlicher Ironie.

COSIMA
Wir danken für Ihr Feuer,
Ihren Einsatz.
Wir gratulieren zu den ermutigenden
Resultaten der heutigen Probe.

Die drei Sänger, der Kapellmeister und auch Judith erheben pflichtschuldigst ihre Gläser.
Malwida, ohne Glas, vollzieht die Geste mit leerer Hand.
Auf dem Flügel sitzt abseits immer noch Wagner.

COSIMA
Du bist müde, Richard.
Du siehst sehr erschöpft aus.

Malwida hat Judith beiseite genommen.

MALWIDA
Ich kenne sie ja nun alle,
den Wagner, den Liszt, den Nietzsche, den Herzen, Garibaldi und Mazzini, den italienischen und den bayerischen König, die Großherzöge –
wissen Sie: allesamt Kinder, Kindsköpfe, diese Künstler, Fürsten, Revolutionäre.
Aber gefährliche Kinder. Denn die Welt in ihren Köpfen ist eine andere als die draußen, als die für uns. Folglich, liebe Judith, halten Sie bitte –

Wagner steht nun strahlend mit steil erhobenem Glas in der Mitte der Halle.

WAGNER
Ich bin todmüde –
vollkommen erschöpft –
behauptet die Herrin des Hauses.
Dagegen hilft kein weiterer Kopfstand. Ich muß Sie also leider alle hinauswerfen, aus dem Haus, dessen Herrin nicht ich bin.
Auf morgen also.
Die Probe beginnt wieder um elf. Hier!

Im allgemeinen Aufbruch gelingt es Wagner noch, Judith etwas zuzuflüstern.

WAGNER
Aber Ihnen zeige ich morgen früh noch: meine Bühne.
Um neun Uhr. Wir werden ganz allein dort sein.

Gruft und Garten. Tag (Abendlicht).

Vor ihrer noch offenen Gruft im Garten von Villa Wahnfried stehen Cosima und Wagner wie zwei Leidtragende. Der gewaltige Grabstein liegt neben dem aufgerissenen Grabloch.

WAGNER
In fünf Wochen ist alles vorbei.
COSIMA
In sechs Wochen.
Das Ende der Festspiele wird am –
WAGNER *unterbricht sie*
Möchtest du nicht auch am liebsten schon heute dort unten liegen?
COSIMA
Wenn schon du keine Hoffnung mehr hast, wer sollte sie dann haben?
WAGNER
Natürlich du, Cosima.
COSIMA
Ja, immer ich.

Sie will gehen, aber er bleibt noch am Grabloch stehen.

WAGNER
Weißt du, was hier fehlt?
Ein kleines Sofa, hier vor der Grube, ein wetterbeständi-

ges, gutgepolstertes Ruhebänkchen für uns zwei, unter einem Zeltdach –

COSIMA
– und mit Rosensatin bezogen –
WAGNER
– auf dem wir auch in Schnee und Regen hier sitzen könnten und warten – warten, bis wir beide kopfüber in die Grube fallen – erst ich, dann du.

Aber Cosima hat sich nun wirklich schon in Bewegung gesetzt, auf das Haus zu.
Wagner folgt ihr.
Vom Haus her tönt Klaviermusik: »Schlummerlied« von Franz Liszt.

WAGNER
Dieses kleine rosa Sofachen könnten wir »Wahnfried« nennen.
Aber ich sehe schon: du magst nicht. Du bist immer noch drauf aus, mich zu überleben. Das wird sich aber noch lange hinziehn, du. Ich will nämlich neunzig werden, mindestens. Ich möchte unbedingt noch miterleben, wie schön du mit siebzig bist.
Cosima!

Sie sind beide stehengeblieben und horchen auf die Musik.

WAGNER
Er benutzt meinen Flügel.
Um sein trübes, schlaffes Zeug zu spielen. Dein Vater!

Die Musik ist abgebrochen.

COSIMA
Ich darf dich bitten, beim Abendessen darüber kein Wort – bitte.

WAGNER
Komponiert erstens diese todsieche Musik, trägt sie zweitens in deinem Haus vor und benutzt auch noch meinen Flügel. Aber dein Vater, der darf das.

Der darf alles und wird sogar noch belohnt mit überschwenglicher Liebe.

Franz Liszt ist in seiner makellos schlichten und eleganten Abbé-Uniform auf den Balkon des Hauses getreten.

LISZT
Habe ich gestört?
Es tut mir leid.
Ich habe sogar den kleinen Erard-Flügel benutzt, ohne Erlaubnis.
Ihr genießt die Abendluft?
WAGNER
Wir haben den Blick in unser Grab ›genossen‹.
LISZT
Ja, natürlich. Wie schön.
Ihr solltet euch ein kleines Sofachen hier auf den Balkon stellen lassen. Von dem könntet ihr am Abend schön hinüberschauen, auf die Gruft.

Der Abbé blickt geistesabwesend ins Weite –, wie ein »Heiliger im Grabe: asketisch, fanatisch, freundlich«, so Richard Wagner.

WAGNER
Nun weiß ich wieder, Cosima, woher du deine katholischen Blicke hast.

Auf der Bühne. Nacht.

Es ist sehr dunkel.
Wagner leuchtet mit einer Gaslampe der ängstlich und neugierig folgenden Judith.

WAGNER
Das ist meine Welt, meine Bühne. Sehen Sie denn was? Nein?
Augen zu. Sie müssen sich an diese Dusternis erst gewöhnen.
Ja: hier wird mein musikalischer Weltuntergang stattfinden. Oder: mein eigener Untergang. Auf den ja alle Welt wartet. Alle Welt giert nach großen Opfertieren, Sie auch? Judith. Sie etwa auch?!

Judith, vom Schein seiner Lampe erfaßt, schüttelt langsam und feierlich den Kopf.

JUDITH
Wir werden alle Ihren Triumph erleben.
WAGNER
Mit *den* Sängern?!
Die nämlich an Schwindelgefühlen leiden, die vorgeben, an Schwindelgefühlen zu leiden, wenn sie ein Pappgebirge, wenn sie dieses lächerliche Pappgebirge besteigen sollen?!

Er ist mit seiner Lampe hinaufgestiegen in die Felsendekoration, die den Schauplatz »In der Tiefe des Rheines« darstellen soll.

JUDITH
Um Gotteswillen.
Richard: nicht höher.

Wagner hockt nun, die Lampe vor dem Gesicht, in gut zwei Meter Höhe.

Wagner

Herr Hill, mein Sänger des Alberich, ist unfähig oder unwillig, in diese »schwindelerregenden« Höhen sich hinaufzubequemen. Ich mußte es ihm mit meinen sechzigjährigen Gliedern erst vorführen. Und als Herr Hill dann endlich hier oben, neben mir, eingetroffen war, und ich ihn aufforderte: »Springen Sie!« –

Wagner ist aufgestanden und leuchtet Judith ins Gesicht.

Judith

Bitte nicht. Je vous en prie.

Wagner

»Springen Sie! Mensch!
Dort unten locken die Rheintöchter.«
Aber meinem Herrn Hill wird immer nur schwarz vor den Augen. Also mußte ich ihm auch diesen Sprung noch vormachen. Judith!

Er hat sich zunächst noch einmal über seine Lampe gehockt und summt.

Wagner

Traulich und treu
ist's nur in der Tiefe –
Ich bin also tatsächlich von hier »in die Tiefe des Rheines« gesprungen, vorgestern. Es sind ja nur drei Meter oder zwei. Aber jetzt, jetzt hätte ich Angst.

Es scheint, daß er nun, traurig und vorsichtig, von dem Pappfelsen »in die Tiefe« absteigen will. Aber plötzlich schreit er noch einmal.

Wagner

Judith!

Ein Schattenkörper und Körperschatten fliegt in einem surrealen Sprung vom »Felsen« weit hinaus in den Raum.

Künstlergarderobe. Tag.

Wagner hängt weit zurückgelehnt, mit halb geschlossenen, flimmernden Augenlidern, mühsam atmend auf dem Stuhl vor einem Schminkspiegel: er kämpft mit einem seiner sogenannten »Brustkrämpfe«, mit seinem tödlichen Herzleiden. Schnappauf hat gerade eine neue Kompresse auf Wagners nackte Brust, zwischen die Seidenfalten seines geöffneten Hemds gedrückt.

WAGNER
Gott, Sie – Gott, Sie – Gott, Sie –
Sie sagen Cosima nichts –
Frau Wagner nichts.
Und dem Doktor – auch nichts.
Der Doktor findet nie was, nie.
Gott. Ogott.

Er scheint wieder besser bei Atem und richtet sich auf.

WAGNER
Noch einmal davongekommen. Wieder mal.
Ja. Leider.
Gottseidank.
Befreien Sie mich von den albernen Kompressen, Schnappauf. Die warmen helfen nichts, die kalten helfen nichts.
Nichts hilft.
Knöpfen Sie mich gefälligst wieder zu.

Schnappauf hat Mühe mit den Knöpfen auf dem reich mit Falten besetzten Seidenhemd.

WAGNER
Aber – da war ja noch jemand.
Schnappauf. Ich war auf der Bühne mit –
SCHNAPPAUF
Madame Gautier.

WAGNER
Judith. Natürlich, Judith.
Sie sagen auch Judith nichts.
Madame Gautier nichts, Frau Wagner nichts.
Und Sie – wie kommen eigentlich Sie so früh ins Theater?
SCHNAPPAUF
Herr Wagner, nicht soviel sprechen, bitte sehr.
Nur ganz ruhig versuchen, ganz ruhig zu atmen.
WAGNER
Lassen Sie mich gefälligst allein.
Atmen kann ich allein.

Schnappauf hat, bemüht leise, die Tür hinter sich geschlossen. Wagner beobachtet sich im Spiegel und erschrickt.

WAGNER
Richard. Poor Richard.
Dummer Name. Dummer Mensch.
Rich-ard!
Seit dreiundsechzig Jahren immer wieder nur: Rich-ard!

Er hat zu der Puderquaste gegriffen und bestäubt sich das blutleere Gesicht mit einer rosa Schicht.
Erst jetzt sieht er im Spiegel Judith auf einem Schemelchen in einer Garderobenecke sitzen.
Sofort versucht er zu singen: Herrn Markes Weise.

WAGNER
Dies wundersame Weib –
der mein Wille –
nie –
zu nahen –
wagte –
JUDITH
Assez!

Sie ist aufgestanden und hat von hinten energisch und liebevoll seinen Kopf ergriffen.

Im Garten vor dem Haus. Tag.

Auf Kieswegen zwischen Blumen und Gras gehen Cosima und Richard redend, argumentierend, verhandelnd auf und ab, beobachtet von oben, vom Balkon des Hauses.
Schnappauf hat gerade eine Flasche Kurwasser und ein Glas serviert und ist weggeschickt worden. Wagner hält das Glas, Cosima schenkt ein und nach. Er trinkt den Brunnen mit säuerlichen Grimassen.
Sie redet sehr intensiv, diplomatisch und werbend auf ihn ein. Er hört nur mürrisch zu, manchmal kurz auflächelnd, dann wieder scheinbar geistesabwesend.
Vom Gespräch selbst hört man aus dieser Entfernung nur Bruchstücke.

COSIMA
Gut, die Scheffzky hält keine Linie –

WAGNER
Falscher Atem.

COSIMA
Aber, bist du nicht allzu streng, wenn du –

WAGNER
Wenn sie nur deutlich artikulieren würden, die Ungeheuer –

COSIMA
Ja, aber doch mit Geduld –
oh, ich weiß, ich, ich hätte gar keine, aber Richard, an dir –

Die beiden haben sich zu weit vom Haus entfernt, es ist kein Wort mehr zu verstehen.
Bruchstücke hört man erst wieder, als sie wieder aufs Haus zukommen.

WAGNER
Wieso denn schon heute?! Ich kann und will und mag –

COSIMA
Die Tischordnung? Nicht du. Aber –
Wer soll ihn am Bahnhof abholen –
Es wäre schon besser, wenn du –
WAGNER
Kein Zeit, kein Schneid.
COSIMA
Und falls du das Wort ergreifen willst, am Abend, dann solltest du ein Wort, ein einziges –
WAGNER
Der Vater, der Vater, immer dein Vater.
COSIMA
Richard, der Vater würde sich unerhört freuen, er hat es vielleicht auch um dich verdient, aber – wenn du –

Plötzlich sieht Cosima erschrocken auf zum Balkon.
Auf dem Balkon steht, knapp sich verbeugend, dann mit einer vagen Geste das Paar unten fast segnend, Franz Liszt. Er hat diese Szene im Garten also beobachtet und belauscht und zieht sich nun stumm wieder ins Innere des Hauses zurück.

Liszts Stube. Tag.

An einem Klavier spielt Liszt aus den »Les jeux d'eau à la Villa d'Este«. Auf dem Klavier steht ein Spiegel.

LISZTS STIMME
Ich habe meine Tochter Cosima Liszt, spätere Baronin von Bülow, nunmehr Frau Richard Wagner – ich habe sie früher, viel früher einmal »Schlange« genannt: serpent. Sie war mir durchaus nicht böse deswegen, glaube ich – jedenfalls hat sie mich sofort verstanden: J'ai compris.
Oh, mit Schlange meinte ich ja nicht, daß sie giftig wäre

oder gefühllos, nein, aber ich bewundere seit je, wie leise und weise sie ihre Macht über Menschen ausübt, und in wessen Herz sie sich einmal hineingebissen hat, der wird Cosima nicht mehr vergessen können, meine wildeste, kühlste, herrlichste Tochter, die Schlange.
J'ai compris, sagte sie. Und schien nicht beleidigt.
Denn natürlich werde ich nie wissen, ob sie mich damals wirklich verstanden hat und ob sie mir vergeben hat, daß ich sie eine Schlange nannte: serpent.
Natürlich werde ich überhaupt nie irgend etwas Endgültiges über Cosima wissen.

Im Spiegel ist jetzt Cosima hinter ihm aufgetaucht.

COSIMA
Papa, wir haben etwas zu besprechen.
LISZT
Natürlich. Und jetzt gleich?
COSIMA
Aber du mußt schweigen.
LISZT
Vollkommen.

Judiths Bayreuther Quartier. Der Salon. Tag.

Cosima ist eben eingetreten und schaut sich, bemüht unbefangen, wie bei einer Besichtigung im Zimmer um.

JUDITH
Was also wollen Sie wissen?
COSIMA
Nichts. Gar nichts. Bitte keine Details.
Aber Sie werden kaum darüber erstaunt sein, daß auch ich

von – Vorgängen erfahre, über die sich offenbar tout Bayreuth amüsiert.

JUDITH

Hat Monsieur Schnappauf geschwätzt? Ich wüßte nicht, wer sonst –

Cosima hat ihren »unbefangenen« Rundblick beendet.

COSIMA

Das ist nun wirklich: Provinz. Aber sehr deutsch.

Sie fühlen sich wirklich wohl hier, Judith? All die Wochen? Sie wollten doch bis zum Ende der Festspiele bleiben?

JUDITH

Falls Sie es nicht mehr für opportun halten sollten –

Cosima hat unaufgefordert auf einem zweisitzigen Sofa Platz genommen.

COSIMA

Satin mit Rosenmuster, altrosa Satin. Dieses Dessin sucht Richard seit Monaten, in Wien, in München, in Straßbourg – und findet es hier! Haben Sie ihm den Stoff eigens aus Paris mitgebracht?

JUDITH

Madame –

COSIMA

Ich denke, wir bleiben doch weiterhin bei »Cosima« und »Judith«. Oder etwa nicht?

Liebe Judith, aus verständlichen Gründen mißdeuten Sie Sinn und Absicht meines leider überraschenden Besuchs, dessen Dauer, aus ebenfalls naheliegenden Gründen, sehr kurz sein wird.

Alors, ich habe Ihnen bereits eröffnet, und dabei Ihr Mißtrauen zu spüren bekommen – ohja, das ist mir nicht entgangen –, ich habe Ihnen also zu eröffnen versucht, daß der Meister bis zum Ende der Festspiele der Schonung, oder sagen wir ruhig: der Pflege bedarf, der Wärme, auch der Nachsicht –

Ein starkes, heimliches Klopfgeräusch unterbricht sie, in einem markanten, offenbar verabredeten Rhythmus.
Cosima ist sofort auf den Beinen.

Cosima
Ach. Das ist er also?
Das könnte er sein, ja?!
Am Vormittag. Und man benutzt diskret die Hintertreppe –

Aber Judith hat nach kurzem Überlegen wortlos und praktisch reagiert, nämlich Cosima durch eine kleine Tür in einen Nebenraum abgeschoben.

Judiths Quartier. Schlafkammer. Tag.

Cosima versucht sich mit einem Rundblick in dem halbdunklen Raum zu orientieren.
Halb benommen setzt sie sich auf die Bettkante, von der sie sich aber jäh wieder erhebt: schließlich, es ist *das* Bett.
Sie findet dann Platz auf einem Stühlchen vor dem Bett, sehr aufrecht, die Augen geschlossen.
Als wollte sie sich ganz aufs Hören konzentrieren – oder so, als sollte ihr Hören und Sehen vergehen.
Von nebenan undeutlich erste Stimmengeräusche.

Judiths Salon. Tag.

Wagner befindet sich noch immer in einer aufgeregten, theatralischen Bewegung kreuz und quer durch den Raum.

WAGNER
Vorwürfe. Alle Welt macht mir Vorwürfe. Nun also auch Sie.
Aber ich habe beschlossen, nicht mehr zuzuhören. Trotzdem: falls Sie unbedingt wissen wollen, warum ich schon am Vormittag, gegen alle unsere Verabredungen – ja, ich breche Schwüre, leider –

Er entdeckt auf dem Tisch einen hölzernen Parfum-Flacon und versucht sofort, ihn zu betätigen, mit Erfolg. Er schnuppert kennerisch in die Duftwolke.

WAGNER
Ist das neu? Rosenessenz?
Türkisch? Oder von Rimmel?
Ich habe recht!?
O dieser Himmel, diese milde Sünde.

Er ist, wie niedergedrückt von der Geruchswolke, auf einen Sessel gesunken. Dort redet er tonlos weiter vor sich hin.

WAGNER
Der Großherzog von Mecklenburg droht mit seinem Festspielboykott, denn: sein Logenplatz ist zu weit entfernt von der Königsloge.
Herr Hill, mein Alberich, hat mir ausrichten lassen, er wäre gekommen, um zu »singen«, nicht um zu »springen«.
Was für ein Witz. Könnte von mir sein.
Und in der Kasse fehlen uns gemessen an unseren allerbescheidensten Erwartungen –
Nein, nun kein Wort mehr. Ich bin zernichtet.
Nur du, du bist wie immer. Nur du.

Genau das ist Judith in dieser Situation natürlich keineswegs. Aber der Monologisierende hat sie kaum angesehen. Er saugt noch einen tiefen Atemzug von seinem duftbestäubten Handrücken, um dann mit geschlossenen Augen zu Judith auf dem rosa Sofa hinüberzurutschen, auf seinen Knien.

WAGNER
Du bist, wie immer, mein Überfluß,
mon exubérance, ma chaleur,
meine weiche, selige Wärme,
mon para –

Judith drückt seinen stammelnden Kopf mit sanfter Gewalt fest in ihren Schoß.

JUDITH
Silence!
Soyez gentil – gentil.

Eine Weile Stille.
Nicht ohne Triumphgefühl hält Judith den Meister zwischen den Schenkeln und scheint hinüberzulauschen ins Nebenzimmer, in die Schlafkammer.

Judiths Schlafkammer. Tag.

Cosima, aufrecht, wie an die Lehne genagelt, sitzt immer noch auf ihrem Stühlchen neben dem Bett.
Sie spricht, fast lautlos, französische oder deutsche Silben, Worte, Wortfetzen mit, die sie undeutlich von nebenan zu hören scheint.
Sie leidet, verzückt, vertieft in ihren Schmerz.
Plötzlich beugt sie sich nach vorn und beißt sich in ihren Handballen.
Ernst betrachtet sie dann die Spur ihrer Zähne im Fleisch.

Judiths Salon. Tag.

Judith spricht immer noch zu dem Kopf in ihrem Schoß, ein Versuch zur Beruhigung, eine Litanei.

Judith
Nous ne sommes pas: Tristan und Isolde.
Nous ne sommes pas: Siegmund et Sieglinde.
Nous ne sommes pas au théatre ou dans l'opéra.
Nous ne pouvons pas chanter, crier –

Wagner hebt plötzlich seinen Kopf aus ihren Kleiderfalten.

Wagner
Aber: Ich rieche dich, Judith, und ich wiederhole, wiederhole – je répète, je répète:
wenn du und ich vor fünfzehn Jahren, damals in Paris, damals hätte dein Leib, hätte der Geruch deines Leibes mich aus jedem Tod erwecken –

Judith
Mon petit idiot.
Vor fünfzehn Jahren war ich ein Kind, ein fettes, hysterisches Kind.

Judiths Schlafkammer. Tag.

Cosima ist gerade aufgesprungen von ihrem Märtyrerstühlchen und reißt nun mit einer heftigen Bewegung die beiden Fensterflügel auf. Sie braucht und atmet nun: Luft!
Von unten, von der Straße, grüßt beflissen ein Bayreuther Honoratiorenpaar herauf.
Cosima verbeugt sich, huldvoll und gefaßt, und schließt behutsam das Fenster.

Sie steht starr, mit wieder geschlossenen Augen in der Mitte des kleinen, dämmerigen Raums.
Von nebenan heftige Stimmengeräusche, kein verständliches Wort, laute Schritte, eine Tür schlägt zu. Dann Stille.
Cosima atmet tief durch und öffnet vorsichtig die Augen.

Judiths Salon. Tag.

Cosima ist gerade dabei, sehr behutsam die Tür zur Kammer zu schließen. Sie versucht, so gelassen, so souverän auszusehen wie möglich.
Der Anblick Judiths, die hilflos heulend in ihrer Sofaecke hockt, erspart ihr weitere Mühe.
Sie setzt sich Judith gegenüber in einen der Sessel und betrachtet die Fassungslose nicht ohne Genugtuung.

Cosima
Sie tun mir leid, Judith.
Sie werden zugeben, daß ich schließlich auch lachen könnte.
Judith
Und vermutlich bilden Sie sich ein, daß ich ihn heute zum ersten Mal hinausgeworfen habe, nur heute, nur Ihnen zuliebe, aber –
aber denken Sie doch, was Sie wollen, denken Sie nur –
Cosima
Sie hätten ihn nicht wegschicken dürfen, denke ich.
Judith *immer noch schluchzend*
Ja, ich liebe seine Musik, ich bete das Genie Richard Wagners an. Er ist unsterblich. Mais –
Cosima
Aber? Aber was, Judith?
Sie werden sich doch bitte nicht bei mir darüber beklagen,

daß Richard Wagner mittlerweile für eine junge, ehrgeizige, leidenschaftliche Verehrerin aus Paris etwas zu – zu alt ist.

JUDITH

Habe ich das gesagt?

COSIMA

Angedeutet. Das genügt.

JUDITH *plötzlich sehr nüchtern*

Ich glaube nicht, daß er mich überhaupt – wahrnimmt. Er sieht ja doch immer nur, immer nur –

COSIMA

Wir sollten nun bitte nicht gemeinsam philosophieren.

Ja, er ist alt geworden, er ist enttäuscht, verzweifelt, zuweilen konfus und vor allem krank, lebensgefährlich krank, was er nicht einmal weiß.

Falls er hier, bei Ihnen, bei einem seiner Besuche in Ihren – Armen sterben sollte, was ja jeden Tag passieren könnte – das allerdings wäre hart. Für mich.

JUDITH

Für uns. Für die ganze Welt.

COSIMA

Auch das.

Aber – Sie hätten ihm nicht die Tür weisen dürfen.

JUDITH

Sondern –

COSIMA

Oder was wünschen Sie?

Daß er diese wunderbaren, grauenhaften Festspielwochen überlebt? Das wollen wir doch – beide.

Judith. Kind.

Helfen Sie mir doch. Indem Sie meine Person, in diesem Zusammenhang, einfach vergessen. Mich gibt es nicht, in diesen Wochen.

Tun Sie bitte, was Sie tun wollen und müssen. Alles, was Richard wünscht. Bitte.

JUDITH
Ich verstehe Sie nicht, Cosima. Entweder –
Nein, Sie sind merveilleuse.
COSIMA
Ein Opfer bin ich, das überall und von jedem: Opfer verlangt.
Oder möchten Sie jetzt etwa, kleine Judith, mit mir über die Emanzipation des Weibes diskutieren?
JUDITH
Aber gerade Sie, eine Frau wie Sie hat es doch überhaupt nicht nötig, ein Leben lang eine Position der Ohnmacht, eine Position im Schatten –
COSIMA *sehr stolz*
Ich unterwerfe mich. Ja, ich unterwerfe mich, mit all meiner Energie. Von Ohnmacht ist keine Rede.
Übrigens habe ich nicht etwa vorgeschlagen, habe ich nicht einmal angedeutet, hoffe ich, daß wir beide ihn teilen sollten – weder Richard, noch Wagner.
Sie sollen ihn bitte nur gewähren lassen. Für die Dauer der Festspiele.
JUDITH
Pour qui me prenez-vous?!
Ich bin *kein* Opfer. Und ich werde auch weiterhin tun und lassen, was *ich* will.
COSIMA
Sie werden eine große Rolle in einer noch größeren Geschichte spielen.

Sie hat Judith zum Abschied fest umarmt und sagt ihr noch etwas ins Ohr.

COSIMA
Und alle seine schriftlichen Botschaften wollen Sie bitte lieber gleich vernichten?
Danke.

In der Kutsche, diesmal auf einer Bühne. Nacht.

Wagner mit blonden Haaren (ein Toupet) wühlt sich stammelnd in den Seidenkleidschoß der ihm gegenüber sitzenden Frau, deren Gesicht sich hinter einem Schleier verbirgt.

WAGNER
Vor fünfzehn Jahren, damals in Paris, damals hätte ich dich, Venus, Venus, ma Venus vénerable, adorée, blessée –

JUDITHS STIMME
Mon petit idiot.

WAGNER
Jetzt, Judith, fehlen mir schon sieben Schneidezähne.
Keine Zähne, keinen Biß.

JUDITHS STIMME
Mais tu es joli et blond et jeun, vigoureux –

WAGNER
Um mich, einmal noch, durch deine Seide durchzubeißen auf deine Haut, aber meine Schneidezähne – ich schäme mich.
Ich möchte dich ansehen, aber ich schäme mich.

JUDITHS STIMME
Mon petit idiot et dieu.
Mein kleiner großer Gott.

Vier Frauenhände reißen Wagner das blonde Toupet von der aschgrauen Mähne.
Er schaut ergeben auf und erblickt: Cosimas streng lächelndes Gesicht ist hinter dem Schleier erschienen.
Der Kutschenschlag wird aufgerissen von Schnappauf in seiner Dienerlivree.
Wagner blickt in ein nur dünn besetztes Logentheater. Die Zuschauer im Parkett starren bewegungslos auf die Bühne, trotzdem ist ein dünner Applaus zu hören.
Jetzt steht Franz Liszt in einer der vorderen Reihen auf und applaudiert höflich und kühl.

Wagner ist aus der Kutsche gestiegen und verbeugt sich, benommen, geblendet vom Rampenlicht.
Hinter ihm reißt Cosima den Kutschenschlag wieder zu. Ihr Gesicht erscheint hinter der Scheibe, jetzt ohne Schleier, klar, ernst, naß von Tränen.

Schlafzimmer. Tag.

Cosima und Wagner sitzen in großartig gefältelten Nachthemden nebeneinander, in der sogenannten »Doppeladler«-Position, beim Frühstück im Ehebett. Sie sieht, zum ersten Mal mit einer Brille, die auf einem Silbertablettchen gestapelte Post durch. Er löffelt träumerisch ein Ei.

Cosima
Willst du die Bankauszüge sehen?
Nein?
Wagner
Ich habe wieder geträumt. Schrecklich geträumt. Den Kutschentraum.
Cosima
Es ist auch besser, wenn du sie nicht siehst.
Wagner
Wir sollten uns schämen, daß wir nicht viel eher zueinander gefunden haben.
Damals in Paris.
Cosima
Ich war damals fünfzehn Jahre alt. Hager, knochig wie eine Ziege.
Wagner
Mein Kutschentraum ist immer schrecklich.
Cosima *immer noch mit der Post beschäftigt*
Ist er denn diesmal erzählbar?

Wagner
Du bist in einer schwarzen Kutsche durch dreizehn Palasträume gefahren.
Cosima
Durch dreizehn?
Wagner
Durch pompöse, düstere Räume, wie in einem venezianischen Palast. Und in jedem Raum bist du feierlich ausgestiegen und hast eine dort brennende Kerze ausgeblasen. Mit tränenüberströmtem, aber ganz und gar unbewegtem Gesicht.
Dreizehn Kerzen, für unsere dreizehn Jahre.
Cosima *die erst jetzt aufmerksam zuhört*
Und dann?
Wagner
Und dann seid ihr beide in dieser Kutsche ohne Pferde und ohne Kutscher ganz langsam die steinerne Palasttreppe Stufe um Stufe hinuntergepoltert und – hinaus ins Freie.
Cosima
Wer ist ›ihr beide‹?
Wagner
Hinaus ins Freie – mit Franz Liszt: du wolltest mich wieder einmal verlassen, mit deinem Vater.
Cosima
Im Traum.
Wagner
Ja.
Cosima
In deinem Traum.
Und wir wissen doch, was Träume bedeuten: du bist es, du warst es, du willst mich verlassen!

Sie hat die Brille nicht abgesetzt, doch ihr Gesicht ist jetzt, wie in Wagners Traum, tränennaß und unbewegt.

Ankleidezimmer. Tag.

Das Faktotum Schnappauf vollzieht an Wagner die Morgenrasur.

WAGNER
Schnappauf, seufzen Sie nicht so. Oder gilt das mir?
SCHNAPPAUF
Weil ich ja auch für Ihre Gesundheit verantwortlich bin.
WAGNER
Mit meiner Gesundheit werden Sie nicht fertig.

Schnappauf aber seufzt schon wieder.

WAGNER
Also, worin besteht das Geheimnis?
SCHNAPPAUF
Madame Judith Gautier –
WAGNER
Ja?
SCHNAPPAUF
Hält ein Abschiedsgeschenk bereit.
WAGNER
Mit anderen Worten: Sie ›halten es bereit‹?
SCHNAPPAUF
Da Madame heute abend beim Abschied keine Gelegenheit sieht –
Es handelt sich um diverse Badeessenzen, Ware aus Paris, eine Qualität, die der hiesige Handel –
WAGNER
Schnappauf, entledigen Sie sich der ›Ware‹ und halten Sie das Maul.

Die Halle. Tag.

Am Flügel Franz Liszt, der den Adagio-Satz aus op. 106 von Beethoven spielt. Judith, neben ihm stehend, ist mit Umblättern beschäftigt.
Das Ehepaar Wagner sitzt so, daß es sich von den beiden am Flügel unbeobachtet glaubt, er auf einem weichen Fauteuil, sie in einiger Entfernung auf einem Schemelchen. Sie blicken sich wie in Trance an.
Alle diese Positionen sind auch von oben, von der Galerie über der Halle zu sehen, wo Malwida von Meysenbug dem Konzert zuhört und zusieht.
Als die Tonlinien immer zarter immer höher steigen, läßt sich Wagner vom Fauteuil gleiten und rutscht auf den Knien zu Cosimas Schemelchen.
Der alte Mann beugt sich über die Füße der jungen Frau. Sie krallt ihre Hände, diesmal sehr zart, in sein Haar.
Judith hat plötzlich nicht umgeblättert.
Die Musik stockt.
Malwida ist zu Liszt und Judith an den Flügel getreten.
Alle fünf blicken sich kurz an: Wagner sitzt schon wieder, betont ernst, auf dem Fauteuil, Cosima lächelt von ihrem Schemelchen herüber.
Jetzt blättert Malwida um, Liszt spielt weiter. Malwida streichelt Judith langsam übers Haar.

Auf dem Balkon. Abend.

Wagner und Cosima sitzen nun tatsächlich auf dem rosa bezogenen Wunschsofa und blicken hinüber auf die nun mit einem Grabstein abgedeckte Gruft.

Wagner
Woran denkst du?
Cosima
Das weißt du.
Wagner
Holzsarg oder Zinnsarg, Cosima, was wäre dir lieber? Cosima!

Aber sie schweigt mit zusammengepreßten Lippen.

Wagner
Du bist immer noch darauf aus, mich zu überleben. Aber – darauf wirst du noch eine lange Weile warten müssen. Ich habe beschlossen, mit dir die Goldene Hochzeit zu feiern. Mindestens die Silberne. Ich möchte unbedingt erleben, wie schön du mit siebzig bist! Cosima!
Was denkst du?

Cosima beginnt langsam, mühsam zu sprechen, wie nach einem inneren Diktat.

Cosima
Eine Ehe, in der nicht beide in jedem Augenblick so glücklich sind und so müde, daß sie lieber beide sterben möchten als immer nur gemeinsam weiter und weiter leben –,
eine Ehe ohne dieses Bedürfnis und Gefühl, glaube ich, ist nur eine Zumutung, eine Gefangenschaft, eine Schwäche, eine Pest, ein unendlicher und überflüssiger Erstickungsanfall wäre eine solche Ehe, für mich.

Aus dem Haus tönt wieder: Franz Liszts »Schlummerlied«.

Wagner
Ja.
Aber bevor wir uns eines Abends an den Händen fassen, um endgültig auszuwandern, da hinüber, da hinunter, in die Gruft, in die Grube –,

vorher werde ich noch den »Parsifal« schreiben.
Wenn du mir's erlaubst. Wenn du mir dabei hilfst.

Cosima sieht ihn längst mit einem ihrer »katholischen« Blicke an. Das hält er nicht lange aus, also muß er gleich fortfahren:

WAGNER
Und wenn wir deinen Vater rechtzeitig aus dem Hause werfen.
Hörst du ihn wieder spielen?! Diesen Weihrauch, diesen schwülen, dünnen Weihrauch!

Innentreppe. Abend, sehr dunkel.

Wagner stürmt wütend treppaufwärts.
Man hört immer noch, aber gedämpfter, den Vortrag des »Schlummerlied«.
Kurz vor dem Ende der Treppe wird Wagners Schritt langsamer, er stolpert, bleibt stehen, beugt sich über das Geländer, ringt um Atem.
Er scheint auf einen neuen »Brustkrampf«-Anfall zu warten.
Der aber nicht kommt.
Nach einigen tiefen Atemzügen wird sein Gesicht wieder ruhiger.

Liszts Stube. Abend.

Liszt spielt gerade die letzten Takte des »Schlummerlied«, als er Wagner im Spiegel in den Raum stürmen sieht.
Wagner flüstert Liszt hastig, fast wütend etwas ins Ohr.

Liszt spielt lächelnd noch die letzten Akkorde, bevor er, immer noch lächelnd, spricht.

Liszt
Ja, natürlich.
»Parsifal« – endlich.
Wie schön.
Cosima wird dir helfen.

Badezimmer. Tag.

Wagner sitzt in vollem Schaum in seiner marmornen Badewanne und hantiert fachmännisch, genießerisch mit Badesalzen, Parfumzerstäubern, Schwämmen und einer großen Seife in Form eines Schwans.
Er ruft, was er zu sagen hat, nach oben, gegen die Decke und auf die enge Wendeltreppe zu, die vom Bad hinauf in seine Arbeitsstube führt.

Wagner
Ich habe ihm, ich habe deinem Vater also angedroht, daß ich nun an den »Parsifal« gehe.
»Ja, natürlich«, hat er gesagt, wie immer.
»Franz«, habe ich ihm gesagt, »im ›Parsifal‹ werden alle unsere Sünden ausgeglüht, in Musik. Kein Weihrauch – Glut!«
»Ja, natürlich«, hat er geantwortet, »deine Sünden.« Und dabei wieder gelächelt wie ein Heiliger im Grabe.
Meine Sünden!
Hörst du mich, Cosima?!
Zauberst du immer noch, dort oben?

Arbeitsstube. Tag.

Das Arbeitszimmer rund um den Stutzflügel ist mit einem großen Aufwand an Stoffen und Tapezierkünsten in eine Art Textil-Gewächshaus, in ein wucherndes Damast- und Seidenzelt verwandelt worden.
In dieser schummrigen Licht- und Schattenhöhle ist Cosima mit letzten Korrekturen beschäftigt. Sie pinnt, spannt und hämmert mit erstaunlichem Geschick.
Sie streicht über die Stoffbahnen, die Kissen, als wollte sie diese Materialien segnen.
Wagner hört man weiterhin von unten herauf, aus dem Bad, reden und rufen, mit Pausen.
Das Wasser patscht. Ab und zu ein Prusten.

WAGNERS STIMME
Wenn du bei mir bist, geht die Welt unter, und wenn du nicht bei mir bist, geht die Welt auch unter. Du bist mein Weltuntergang, so oder so.
Auch, weil du überhaupt nicht zuhörst.
Cosima?
Diese tägliche Mühe des Abtrocknens, diese tägliche Qual des Ankleidens. Wer hat diese Mühsal über uns verhängt, wer belohnt uns dafür? Du etwa? Cosima?
Dir wird's wieder nicht gefallen, was ich mir anziehe, dir nicht.
»Das Unbegreifliche, hier wird's getan, das selig Weichliche, zieht man gern an.«

Kurz darauf erscheint Wagners Kopf in der Öffnung der Wendeltreppe, staunend, strahlend über Cosimas Arbeit, dann kommt Stufe um Stufe der ganze Mensch nach oben, eingehüllt in sein Morgengewand, eine barocke Phantasietoga.

WAGNER
Ja, genauso, fast genauso habe ich mir's geträumt, mein

Parsifal-Zelt, ein Gewächshaus aus Duft und Seide, eine Weltuntergangs-Zauberhöhle.

Er hat sie fest und dankbar umarmt. Sie behält den Tapezierhammer in der Rechten.

WAGNER
Wir leben in einer eisernen Zeit. Da muß man mich ganz weich einwickeln.
Aber, ich denke manchmal, daß du mich darum verachtest.
Sag: Ja.
COSIMA *unbewegt, ernst*
Ja.
WAGNER
Wenn du nur wüßtest, wie ich dieses rosa Kissen dort drüben nennen werde.
COSIMA
»Judith« wahrscheinlich.

Sie lacht nun sogar, was auch Wagner überrascht.

COSIMA
Es ist ein bißchen dick in der Taille, dieses Kissen aus Paris.

Sie hat sich aus der Umarmung befreit und geht auf die Wendeltreppe zu.

COSIMA
Solange du nicht unser ganzes Haus »Judith« nennst, und solange du den »Parsifal« schreibst –

Sie geht langsam die Wendeltreppe hinunter.
Wagner setzt sich an den Flügel und spielt eine Melodielinie aus dem ersten Parsifal-Akt: »Nehmet hin meinen Leib.«

Badezimmer. Tag.

Von oben, aus der Arbeitsstube immer noch die »Nehmet hin meinen Leib«-Melodie, diesmal mit vollen Akkordgriffen, dann in Variationen ausgeführt.
Cosima ordnet die über das ganze Bad verstreuten Parfum-Flacons, Puderdosen und -quasten, Badesalzbehälter, mit einigem Widerwillen.
Ein Fläschchen entgleitet ihr, fällt auf den Boden, zerspringt nicht, doch sie zertritt es – mit Absicht oder absichtslos?
Nach einem kurzen Blick auf das Malheur verläßt sie das Bad, und sofort, als hätte er auf seinen Einsatz schon gewartet, tritt Schnappauf durch die gleiche Tür mit Handbesen und Kehrschaufel auf, um die Splitter zusammenzufegen, wortlos, geschickt und eilig.
Dann fingert er einen Brief hervor, geht diskret die Wendeltreppe einige Stufen hoch, pocht zart auf die oberste Stufe und legt auf ihr den Brief ab.

Arbeitsstube. Tag.

Wagner, immer noch in seiner Morgentoga, liniert einige Partiturblätter und zählt dabei energisch und pedantisch – fast denkt man: wütend – die Stimmen.
Zwischendurch nimmt er eine Prise Schnupftabak vom Handrücken, niest, die Partiturblätter schonend, heftig zur Seite, schneuzt sich und blickt dann das hoch in der Dämmerung hängende Cosima-Bild von Lenbach an.

WAGNER
Du läßt mich nicht aus den Augen, wie? Und es ist dir egal, ob ich es nun ertrage oder nicht.

Aber wenn du mir nicht zuschauen würdest, das, gebe ich zu, wäre übler.

Er ist aufgestanden und sprüht aus einem Flacon neuen Duft in sein Parsifal-Zelt.
Erst jetzt bückt er sich zu dem Brief auf der obersten Treppenstufe, entziffert den Absender: »Judith Gautier, Paris« und stellt das noch ungeöffnete Kuvert auf den Notenständer des Stutzflügels.
Nun wird auch Judiths Brief mit einer Duftwolke bestäubt.
Dann setzt sich Wagner an den Flügel und spielt, den Text leise mitpsalmodierend:

WAGNER
Nehmet hin meinen Leib,
nehmet hin mein Blut
um unserer Liebe Willen!

Cosimas Schreibtisch. Tag.

Cosima ist dabei, ein Partiturblatt zu überziehen, also eine Bleistiftversion in eine Tintenversion zu verwandeln.
Immer wieder aufblickend von der Arbeit hört sie den gedämpft aus der Ferne hörbaren, immer wieder abgebrochenen, in immer neuen Klangmischungen wiederholten Klangfolgen des Parsifal-Vorspiels zu.
Sohn Siegfried (Fidi), blond, zart, etwa zehn Jahre alt, tritt an den Schreibtisch und legt der Mutter die kindliche Zeichnung vom Innern eines Tempelpalastes auf das Partiturblatt.
Cosima sieht kaum hin.

COSIMA
Psst!

Fidi soll auf die Parsifal-Akkorde seines Vaters lauschen.

Das tut er, mürrisch und kurz.
Dann nimmt er abrupt seine Zeichnung vom Partiturblatt und geht.
Cosima hört die Tür schlagen.

Hofgarten. Tag.

Ein grauer, kalter Tag im spätesten Herbst oder frühesten Frühjahr. Wagner kommt auf seinem Spaziergang nur mühsam voran und schlägt, in einer ratlosen Wut oder Angst, seinen Spazierstock dauernd ins graue Gras und in schmutzige Schneereste.
Er atmet nur stoßweise und lehnt sich plötzlich an einen Baum, beugt sich vornüber, als müßte er sich jeden Augenblick erbrechen.
Nach einer Weile, wieder besser bei Atem, sieht er hinauf in die Krone des Baums.

WAGNER
Bruder – wir sagen Frau Cosima nichts. Sie verliert zu leicht den Verstand. Lieber lassen wir die Bayreuther erzählen: Herr Wagner war schon am Vormittag ein wenig betrunken.
Oder: schwer betrunken.

Einige Passanten nähern sich.
Wagner löst sich vom Baumstamm und versucht weiterzugehen.

Die Halle. Tag.

Der Blick von oben, von der Galerie, wo Cosima steht. Wagner tritt nach glücklich überstandenem Spaziergang ein, betont und etwas forciert straff, ein wenig taumelnd. Er spürt Cosimas Blick und grüßt frisch und ›unbefangen‹ herauf. Aus dem Haus treten nun Malwida und Fidi in die Halle, aus einem anderen Eingang langsam auch Liszt. Alle schweigen und betrachten ernst nur Wagner im Mittelpunkt der Halle – fast eine Traumszene. Wagner, wie um den Bann zu brechen, setzt sich plötzlich mit Schwung und noch im Radmantel an den Flügel und donnert, übertrieben stark und sicher, einige Takte aus dem Parsifal-Vorspiel.

Ankleidezimmer. Tag.

Schnappauf ist mit der Rasur fertig und reibt duftende Wässerchen in Wagners Gesichtshaut.
Er seufzt wieder.

WAGNER
Ein Brief?
SCHNAPPAUF
Ja, auch.
Aber außerdem zwei Pakete. Diesmal: zwei.
Soll ich Ihnen beide einzeln ausfertigen, oder doch besser beide –
WAGNER
Die Pakete können Sie gefälligst meiner Frau ›ausfertigen‹. Beide.
SCHNAPPAUF
Es handelt sich allerdings um Sendungen aus Paris. Von Madame –

WAGNER
Halten Sie das Maul, Schnappauf. In diesem Haus gibt es keine Heimlichkeiten.

Schnappauf ist das neu, er reagiert beleidigt.

WAGNER
Und den Brief, den Brief von Madame – haben Sie dabei?

Schlafzimmer. Tag.

Wagner kommt mit dem Brief aus Paris von der Rasur zum Ehebett, in dem Cosima über Post und Frühstück sitzt. Er steigt im Morgenrock unter die Bettdecke. Man thront nun wieder in der »Doppeladler«-Position.

WAGNER
Nein, ich will keine Bankauszüge sehen.
COSIMA
Obwohl sie nicht unerfreulich sind, neuerdings.
Hast du wieder geträumt?
WAGNER
Ja, so könnte man es nennen: einen nicht angenehmen Traum. Judith, Madame Judith Gautier hat ihren Besuch angesagt.
COSIMA
Und das macht dir Beschwerden?
Von mir aus könnte sie diesmal auch hier im Haus wohnen.
WAGNER
Cosima, damals, während der Festspiele, in diesen grauenvollen Wochen war mir Judiths Sympathie, ihre Wärme, ihr –
COSIMA
Keine Details, bitte.

Wagner
Aber –
Cosima
Ich habe diese ganze Affäre mit Judith durchgesprochen, schon damals. Ohne alle Details.
Wagner
Also – du und sie, ihr beide – habt ohne mich –
Cosima
Ja, auch Judith dürfte damals gelitten haben. Aber du nicht. Du nicht.

Sie vertieft sich wieder in die Geschäftspost.

Die Halle. Tag.

Am Flügel spielt wieder einer der Kapellmeister. Der blutjunge englische Sopran Carrie Pringle singt zur Probe die Arie der Agathe aus dem »Freischütz« vor.
Wagner, im Raum auf und ab gehend, begleitet ihren Vortrag nur gestisch.

Carrie
Und ob die Wolke sie verhülle,
die Sonne bleibt am Himmelszelt,
es herrschet da ein heilger Wille,
nicht blindem Zufall folgt die Welt.
Wagner *der abgewinkt hat*
Verstehen Sie auch, Wort für Wort, was Sie da singen?
Carrie
You mean –
Wagner
Do you – do you *grasp* the meaning of every word you sing?

Carrie
Oh ja.
I hope I do.
Wagner
Das singt: ein vollkommen reines, ein keusches Mädchen.
Sie verstehen das Wort »keusch«, Miss Pringle?

Carrie Pringle nickt zunächst ernst beflissen, dann schüttelt sie aber lächelnd den Kopf. Sie ist nicht verlegen.

Wagner
Falls ich Sie für Bayreuth engagieren sollte, Miss Pringle, auch wenn Sie also im »Parsifal« singen sollten: »Kohomm, kohomm, holder Knahabe –«

Carrie ist in Wagners Sprechgesang mit großer Stimme eingefallen.

Carrie
– holder Knahabe –
Wagner
Zu laut, etwas zu laut, zu selbstsicher, Miss Pringle.
Was Sie begreifen müssen:
Alle Frauen in meinem Werk sind keusch, auch die Verführerinnen – vollkommen keusch.
No enticing ladies.
No ladies d'amour!

Der Kapellmeister muß seinen Platz räumen, Wagner setzt sich selbst an den Flügel.
Von oben, von der Galerie, schaut und hört Cosima nun zu.

Carrie *singt zu Wagners Begleitung*
Und ob die Wolke sie verhülle,
die Sonne bleibt am Himmelszelt,
es herrschet da ein heilger Wille,
nicht blindem Zufall –

Carrie hat abgebrochen, sie blickt erschrocken nach oben, zu Cosima.

WAGNER
Warum unterbrechen Sie – nur weil Frau Wagner zuhört?!

Malwida ist Arm in Arm mit Judith aus dem Haus in die Halle getreten.

MALWIDA
Ja, wir beide haben auch zugehört, heimlich. Durften wir nicht?

Wagner, immer noch am Flügel, stellt mürrisch vor.

WAGNER
Miss Carrie Pringle –
Madame Judith Gautier –
Frau Malwida von Meysenbug.

Inzwischen ist Cosima in die Halle getreten, Carrie versinkt vor ihr in einen abgrundtiefen Knicks. Cosima kommt dann zu Wagner an den Flügel.

WAGNER
Wir werden sie engagieren.
COSIMA
Sie singt sehr erträglich.

Der Kapellmeister hilft Miss Pringle beim Zusammensuchen ihrer Noten.

MALWIDA *leise zu Judith*
Ich weiß, was Sie nun denken. Es ist ungerecht.
JUDITH *ebenso leise*
Und was soll ich denken?
Für mich bleibt er ein wunderbarer alter Mann.
MALWIDA
Ein trauriger –

JUDITH
– Clown.

Sie singt, noch immer verschwörerisch leise.

JUDITH
»Harlekin, du mußt stererererrrerre-benenennn.«
Ach, das kennen Sie nicht, Malwida, wirklich nicht?!
WAGNER *ruft dazwischen*
Doch, das kenne ich!

Auf der Bühne. Nacht.

Es ist wieder sehr dunkel.
Wagner leuchtet mit seiner Gaslampe diesmal den Weg für die beflissen und ein wenig ängstlich folgende Carrie Pringle.

WAGNER
Vorsicht, Kleines.
Folgen Sie nur dem Licht.
Hier, hier, erkennen Sie schon was?
Das sind die letzten Trümmer meines »Ring« – Rheingold, Erste Szene:
»In der Tiefe des Rheines«.
Erinnern Sie sich?

Er steigt mit der Lampe wieder in die Felsendekoration hinauf.

WAGNER
Von hier oben sprang Alberich hinunter in die Tiefe.

Gleich bricht Carrie wieder in Gesang aus.

CARRIE
Traulich und treu
ist's nur in der Tiefe –

Sie ist, erstaunlich schnell und geschickt, zu Wagner hinaufgestiegen und hockt jetzt neben ihm.

WAGNER
Mein Sänger vor fünf Jahren, Carrie: Herr Hill aus Mecklenburg hat es nicht gewagt, da hinunterzuspringen, in die Tiefe des Rheines.
Ich mußte ihm den Sprung vormachen, vor fünf Jahren.

Er steht auf, mit hoch erhobener Lampe.

CARRIE
Nein, bitte nicht.
Please.
WAGNER
Carrie, ich hätte den Mut gar nicht mehr, da hinunterzusausen.

Er steigt, sehr mühselig, aus der Dekoration wieder auf den Bühnenboden.
Unten hebt er die Lampe für Carrie, die noch immer auf dem Pappfelsen hockt.

WAGNER
Vorsicht, Kleines.
Folgen Sie nur meinem Licht.

Aber Carrie ist jäh mit einem riesigen Satz in den dunklen Raum gesprungen, schlägt dumpf auf der Bühne auf und bleibt regungslos liegen.
Wagner beugt sich über sie, leuchtet ihr ins Gesicht. Sie schlägt schnell die Augen auf, strahlt.

WAGNER
Solche Scherze, Miss Pringle, sollten Sie mit mir –
Ich – Gott, ich –
Da scharrt schon wieder – da scharrt schon wieder diese Ratte hier in der Brust – und – meuchlings – Geduld – zehn Minuten Geduld –

Er sitzt nun, über die Lampe gebeugt, und wartet auf das volle Einsetzen des Anfalls.

Arbeitsstube. Tag.

Wagner schlägt auf dem Stutzflügel nur einige Akkorde an und setzt sich dann auf sein Sofa zwischen reichlich Kissen.

WAGNER *im Sprechgesang*
Kohomm. Kohomm –
Ein zartes Legato bitte. Kein Tönestoßen.

Carrie hat im Parzifalzelt, zwischen Möbeln, Kissen, Stoffbahnen und -segeln, kaum genügend Raum, um sich beim Singen zu bewegen.

CARRIE
Komm, komm, holder Knabe!
Komm, komm, laß mich dir blühen!
Holder Knabe, dir zur Wonn und Labe
gilt mein minniges Mühen!

In die letzten beiden Zeilen ist Wagner in seinem Sprechgesang wieder eingefallen. Er winkt sie ab.

WAGNER
Das ist, Carrie, nur als Musik erlaubt, dieses letzte, dünne, allerletzte Schmachten, dieses –

Ihm wird erst jetzt klar, daß sie, mit strahlendem Gesicht, sein Deutsch kaum versteht.

WAGNER
The last time, with the last rhyme, with weak breath to sweet death – undsoweiter.

Er ist aufgestanden und tritt ans Fenster.

Wagner
Go on, Carrie. Don't stop.
»Des Gahahartens Zier –«
Carry on – on – on.

Carrie setzt zunächst schwach, unsicher ein, bricht ab, atmet einmal durch und beginnt nun mit voller, strahlender Stimme.

Carrie
Des Gartens Zier,
und duftende Geister,
im Lenz pflückt uns der Meister.
Wir wachsen hier
in Sommer und Sonne,
für dich erblühend in Wonne.

Während Carrie hinter ihm singt, sieht Wagner weiterhin regungslos aus dem Fenster:

Auf dem Grabstein hinten im Garten ist zwischen dem Gebüsch Cosima zu erkennen, die mit zwei, drei verschieden großen Gießkannen hantiert, Pflanzen begießt, aber merkwürdigerweise auch den Stein, auf dem sie am Ende gießend kniet: die zunächst scheinbar reale Szene hat sich in eine irreale verwandelt.

Wagner *murmelt zum Fenster hinaus*
Als ob unser Grab wachsen müßte, unser gemeinsames Grab.
Das hat sie noch nie getan.
Carrie *die abgebrochen hat*
Sorry. I did not understand.
Wagner *wendet sich zu ihr um*
Go on, Carrie, go on, on, on –
Carrie
Nun sei uns freund und hold,

nicht karge den Blumen den Sold!
Kannst du uns nicht lieben und minnen,
wir welken und sterben dahinnen.

Am Ende ist nur noch Carrie Pringles singender Mund zu sehen.

Auf der Bühne. Arbeitslicht.

Carrie sitzt in sich zusammengeduckt in den Trümmern der Rheingold-Dekoration, in gut zwei Meter Höhe auf dem Pappfelsen.

CARRIES STIMME *als Echo*
Kannst du uns nicht lieben und minnen,
wir welken und sterben dahinnen.
WAGNERS STIMME
Bravo! Brava!
Bravooo!

Erst jetzt sieht man den Zuschauerraum eines matt illuminierten Logentheaters, wieder nur dünn besetzt.
Spärlicher Applaus ist zu hören, obwohl die Zuschauer alle unbeweglich sitzen.
Nur Liszt, in einer der vorderen Reihen, hat sich erhoben und applaudiert knapp und kühl.
Von niemandem beachtet, immer noch Bravo! und Brava! rufend, schwingt sich Wagner von Seitenloge zu Seitenloge auf die Bühne, auf die in sich zusammengeduckte Carrie zu.

Badezimmer. Tag.

Wagner hat sich gerade aus dampfendem Schaumbad erhoben und steigt, in ein majestätisches Badetuch gehüllt, aus der Marmorwanne.
Er ruft seine Botschaften wieder gegen die Decke, zur Wendeltreppe hinauf, während er sich sprüht und pudert.

WAGNER
Ich bin eingeschlafen, im Badewasser eingeschlafen, stell dir das vor.
Vielleicht – vielleicht sollten wir unser kleines rosa Todessofa hier in die Badewanne stellen.
Im warmen Badewasser stirbt sich's so leicht wie nirgendwo.
Die Japaner, die Samurai, schlitzen sich den Leib besonders gern im Badewasser auf – wußtest du das?
Cosima?
Was machst du eigentlich da oben?

Er hört auf, mit Duftflacons und Puderdosen zu hantieren, und horcht nach oben.
Man hört aber nur, gedämpft aus der Ferne, wieder das »Schlummerlied« von Franz Liszt.

Arbeitsstube. Tag.

Das Parsifalzelt in der Stube scheint wie von einem Sturm zerstört, Kissen und Decken sind durcheinandergewirbelt, Stoffbahnen und -segel hängen zerrissen und schlapp in den Raum. Das wieder nüchtern eindringende Tageslicht beleuchtet dieses Bild der Verwüstung.
Wagner kommt langsam die Treppe hoch, allerdings nicht in

dem Badetuch, das ihn eben noch einhüllte, sondern in einer festlichen, schwarz glänzenden Trauerkleidung.
Er watet mit langsamen, traumhaft verzerrten Bewegungen durch dieses kahle Chaos, über lauter Kissen, auf die in zärtlich verschlungener Schrift die Namen »Judith«, »Jessie«, »Mathilde«, »Cosima«, »Carrie« eingestickt sind.
Nur mit Mühe öffnet er das Fenster und sieht, immer noch begleitet von Liszts »Schlummerlied«:

Auf dem Grab hinten im Garten kniet nun Carrie auf der Grabplatte.
Cosima und Judith, rechts und links von ihr postiert, drücken ihr Kranz auf Kranz auf den demütig gesenkten Kopf.
Liszt steht hinter den drei Frauen, unpersönlich lächelnd, erstarrt in einer segnenden Gebärde.
Aus der Ferne tönt immer noch das »Schlummerlied«.
Carrie blickt lächelnd, wie hilfesuchend nach oben, zum Fenster, zu Wagner.
Der schließt langsam die beiden Fensterflügel.

Liszts Stube. Tag.

Langsam, wie heimlich öffnet sich die Tür, aber nicht ganz.
Durch den breiten Türspalt erscheint ein Traumbild: vor dem Klavier kniend spielt Liszt sein »Schlummerlied«.
Neben ihm kniet mit entblößtem Busen Carrie Pringle.
Feierlich hebt Liszt beide Hände von den Tasten und streichelt Carries Busen.
Das »Schlummerlied« tönt weiter.
Carrie blickt lächelnd, wie hilfesuchend zum Türspalt.

Liszts Stimme
Die Leidenschaft geht.
Die Gewissensbisse bleiben.

Die Tür wird heftig zugeschlagen.

Arbeitsstube. Tag.

Das Parsifalzelt ist abgebaut, nüchternes Tageslicht dringt in den Raum, in dem nun eine kahle Ordnung herrscht: die Kissen sind gestapelt, die Stoffbahnen zusammengelegt, die Bücher geordnet, Papiere säuberlich gestößelt.
In der Mitte eine Truhe mit der Aufschrift R. Wagner, Venezia.
Cosima ist mit letzten Aufräumungsarbeiten beschäftigt, ihre Bewegungen sind auffällig langsam.
Sie trägt zum Schutze der Augen einen grünen Schirm auf der Stirn.
Man hört Wagner wieder von unten herauf, aus dem Badezimmer rufen. Aus der Ferne: »Schlummerlied«.

Wagners Stimme
Cosima?
Was du da oben machst, möchte ich wissen.
Ich bin tatsächlich eingeschlafen, hast du das gehört? Im Badewasser eingeschlafen.
Ein schrecklicher Traum, und diesen Badewannentraum hat dein Vater auch noch begleitet, mit seiner schlaffen, schwülen Musik.
Und er spielt immer noch! Oder träum ich schon wieder?
Cosima?!
Cosima
Ich räume den »Parsifal« zusammen.

Kurz darauf taucht Wagners Kopf in der Wendeltreppenöffnung auf.

WAGNER
Aber –
COSIMA
Denn ich möchte nicht, daß irgendjemand hier in Bayreuth, während wir in Venedig sind, diese Zauberhöhle besichtigt.
WAGNER
Aber, wir kommen doch wieder.
COSIMA
Ja, sicher.
Nur: wann?
Und in Venedig sollen ja deine Kissen, Decken, Segel, Seiden alle wieder ausgebreitet werden.

Wagner ist inzwischen in seinem Badetuch die Treppe hochgekommen. Er sitzt nun auf der Reisetruhe. Cosima streicht ihm sehr langsam übers Haar.

WAGNER
Solange ich deine Hand spüre, brauche ich gar keine Seiden.
Wie geht's deinen Augen?
COSIMA
Schlecht. Aber die Tropfen scheinen zu helfen.

Sie hat den grünen Schirm abgenommen und versucht die entzündeten Augen ins helle Licht zu öffnen.

WAGNER
Ich habe nämlich geträumt, schrecklich geträumt, und zwar daß –
Er spielt also immer noch. Dein Vater spielt immer noch!
Diese geile, müde, eitle, monotone Greisenmusik, Leichenmusik –

Er soll aufhören.
Es soll endlich aufhören!

Cosima hat den grünen Schirm wieder aufgesetzt und geht langsam die Wendeltreppe hinunter.
Wagner beißt wimmernd in ein Seidenkissen.
Liszts Musik bricht plötzlich ab.

Ein Bootssteg in Venedig. Nacht.

An der Palastmauer sind rechts und links vom Landungssteg Fackeln aufgesteckt. Schnappauf in Livree befestigt gerade die letzte.
Erst jetzt geht die Tür zum Steg auf, und nacheinander treten heraus Fidi und Daniela (inzwischen über zwanzig), dann Malwida von Meysenbug und schließlich das Paar Cosima und Richard.
Auf den Steg steigt aus einer Gondel Franz Liszt in prächtig schlichtem Abbate-Kostüm, gestützt auf Schnappauf, der eine Handfackel trägt.
Vor der Palasttür folgt zunächst eine unendliche stumme Umarmung mit Cosima, die erst, den Kopf auf der Schulter des Vaters, die Augen geschlossen hält und dann aus dieser Position Wagner ruhig abwehrend anschaut.
Dann tauschen Wagner und Liszt zwei knappe, zeremonielle Umarmungen mit Wangenkuß aus.
Das alles vollzieht sich feierlich und schweigend, bis endlich Malwida mit einem tönenden Wangenkuß den Abbate begrüßt.

Malwida
Wie ihr euch alle benehmt?!
Als ob jemand gestorben wäre.

Abendtafel in einem dunklen Saal. Nacht.

Malwida und Liszt, Richard und Cosima, Daniela und Fidi sitzen um den von Kerzen erleuchteten, mit prunkvoll schwerem Geschirr und Besteck gedeckten Tisch. Im Hintergrund Schnappauf.
Alle haben ihren Gang schon beendet und sitzen vor leer gegessenen Tellern, nur Liszt speist noch, sehr langsam, mit kleinen Bissen.
Wagner blickt düster leidend und läßt alle fühlen, daß er sich an der Konversation nicht zu beteiligen gedenkt.
Malwida versucht wieder, die beklommene Stimmung zu überspielen.

MALWIDA
Wenn er solche göttlichen Augenbrauen hätte wie Sie, Franz – er hat es selbst gesagt – das hast du doch, Richard! – wenn Richard nur Ihre Augenbrauen hätte, dann hätte er die Frauen auch hinreißen können, ohne sich irgendwie anzustrengen.
LISZT
Oh, anstrengen mußte ich mich schon. Übrigens: Cosima fand meine Augenbrauen nie »göttlich«, sondern »zu animalisch«.
COSIMA
Das war früher, als ich gern »geistreich« war.
MALWIDA
Professor Nietzsche übrigens pflegte zu sagen – Franz, es ist inzwischen verboten, den Namen Nietzsche noch zu erwähnen: er glaubt nicht mehr an »Parsifal« und nicht an Bayreuth –
LISZT
Ja, natürlich. Ich weiß.

Liszt läßt sich von Schnappauf Marsala einschenken. Cosima

gießt sofort Tafelwasser in Liszts Glas, um den Wein zu verdünnen.

MALWIDA
Nur ich nehme mir noch die Freiheit, diesen Ketzernamen hier auszusprechen.
Von Professor Nietzsche also –

Wagner ist abrupt aufgestanden und verläßt wortlos die Tafel.

COSIMA *zu Liszt*
Du mußt entschuldigen. Er ist gereizt. Er hat wieder einen Diätfehler gemacht.
MALWIDA
Richard verlebt hier wieder entsetzlich schlaflose Nächte.
COSIMA
Excusez.

Auch sie verläßt die Tafel und den Raum.

MALWIDA
Darf ich den Hinterbliebenen noch von Professor Nietzsche erzählen –?
Daniela, falls du gestattest?
DANIELA
Oh bitte.
Ich wollte mich ohnehin zurückziehen.

Auch sie steht auf, höflich und vorwurfsvoll, und verläßt den Raum.

MALWIDA
Und Herr Siegfried Wagner, haben Sie Einwände gegen dieses Thema?

Fidi versucht eine Geste von mediterranem Charme.

FIDI
O Contessa, continua la conversazione come le piace.

Atelier. Nacht.

In Wagners venezianischem Atelier ist das Bayreuther Parsifalzelt wiederhergestellt worden, noch prunkvoller, düsterer. Vor der Tür: die rote Portière.
Cosima und Wagner sitzen in großer Distanz zueinander, beide erschöpft, offenbar am Ende eines längeren Streits.

WAGNER
Also gut, gut.
Man benimmt sich eben, als wäre ich schon tot.
COSIMA
Aber Richard.
WAGNER
Du widersprichst.
Auch du widersprichst neuerdings, als wäre ich schon tot.
COSIMA
Ich kann dir gar nicht widersprechen. Solange du leidest, kann doch ich –
WAGNER *schreit*
Ich leide nicht!
Nur Komödianten »leiden«.
Willst du mich wieder einen Komödianten nennen?!
Und was bist du?! Eine Heilige?
COSIMA
Ich denke, ich sollte dann besser gehen. Zu den Gästen.

Sie bleibt aber noch sitzen.

WAGNER
Zu deinem Vater.
Der sich vor unseren Augen um seinen Verstand trinkt, um seinen letzten, schon verdämmernden Verstand.
COSIMA
Ich hoffe, du hast wahrgenommen, daß ich ihm dauernd Wasser in sein Weinglas –

WAGNER
Wahrgenommen habe ich, mit welchen Blicken, schamlosen Blicken er heute wieder Daniela begutachtet hat, seine eigene Enkeltochter –
Aber gut, gut – dein Vater wird immer beschützt, entschuldigt, auch wenn er seine Enkelin, deine Tochter, wahrhaft inzestuös –
COSIMA
Richard. Bitte.
WAGNER
Aber du hast ja zweifellos recht, denn du hattest immer recht.
COSIMA
Nein.
WAGNER
Du bist die Tugend. Du bist eine Heilige. Und ich: ein Idiot, ein Genie, ein Komödiant, ein Tier, ein Opfertier –
COSIMA
Du bist unschuldig, unschuldig – das ist alles, was ich weiß.
Deshalb darfst du nicht leiden, du nicht.

Sie hat sich vor ihm auf den Boden geworfen.

COSIMA
Segne mich. Segne mich!
Bevor es zu spät ist.
WAGNER
Das Opfertier soll die Heilige –
Hör mal – Ach Cosmas –

Cosima hebt den Kopf und herrscht ihn an.

COSIMA
Segne mich. Sofort!

Sie senkt den Kopf wieder, er legt zögernd, schüchtern seine Hand auf ihr Haar.

Cosima *dumpf*
Befreie mich – befreie mich aus allem Irrtum, damit ich wieder gut sein kann.
Wagner
Und was soll ich dazu sagen?
Cosima
Wer gut *ist*, der muß nicht dauernd Gutes *tun*.

Wagner streicht ihr einige Mal schüchtern über das Haar.

Wagner
So. So.
Cosima, der Segen ist fertig.

Sie hat sich langsam erhoben, beide sind verlegen und sehen sich nicht in die Augen.

Wagner
Was wir machen –
was wir beide miteinander machen, das glückt nur alle fünftausend Jahre. Oder alle zehntausend. Oder es ist noch nie gelungen.

Aber Cosima, erstaunlich heiter, ist schon wieder beschäftigt: sie zündet über den ganzen Raum verteilte Kerzen an.

Cosima
Du natürlich hast es wieder vergessen, welchen Jahrestag wir feiern.
Wagner
Heute, am 16. November –
Cosima
– vor vierzehn Jahren –
Wagner
– bist du durch diese gleiche rote Portière, wenn auch durch eine andere Tür, endgültig in mein Leben –
Vor dreizehn Jahren, Cosima.

Cosima
Wie du willst. Wie du willst.
Ich werde nicht mehr widersprechen. Aber – ich darf doch vierzehn Kerzen anzünden?

Der dunkle Saal. Tag.

Fidi und Daniela, dazu Carrie Pringle, kostümieren sich zum venezianischen Karneval.
Schnappauf hält die Kostüme und die weißen Nasenmasken bereit, Malwida hilft.
Am Flügel improvisiert Liszt und intoniert auch mit dünner Greisenstimme »Harlekin du mußt stererrerrrerrrebenenen«, Wagners Lieblingsschlager in diesen Karnevalstagen.
Der blonde Fidi versucht mit Grazie einige Arlecchino-Gesten.
Carrie lockt ihn mit einem leise gesungenen »Kohomm, kohomm, holder Knahabe«.
Daniela lüftet nur kurz den Schleier vor ihrem Gesicht, ernst und etwas säuerlich wie immer, sie lächelt nur widerwillig.

Carries Stimme
Ich hatte in diesem Winter als Gast in Bologna gesungen und war nur zufällig – nein, nicht zufällig – ich war wegen des Karnevals nach Venedig gekommen, wo ich im Teatro Fenice die Kinder Richard Wagners traf, die mich zu einer gemeinsamen Karnevalsparade einluden. Ich wußte nicht – ich wußte wirklich nicht, ob ich diese Einladung in den Palazzo Vendramin annehmen sollte. Zwischen dem Meister und mir bestand eine Art von Vertrag: Ich sollte nie mehr in Bayreuth singen, ihm zuliebe. Und zwar, weil ihn meine Auftritte im letzten Sommer »zu glücklich« gemacht hätten. Nein, er sagte sogar: »zu glückselig«. Aber Venedig war ja nicht Bayreuth. Und außerdem –

Cosima ist in den Saal gekommen.

COSIMA
Miss Pringle.
Ich denke, wir wagen es.
Kommen Sie bitte mit. Der Meister ist vorbereitet.
Ihr Kostüm ist reizend.

Mit gelüftetem Schleier blickt Daniela den beiden Frauen nach.

Passage durch einige Palasträume. Tag.

Die Räume sind teils sehr kahl, teils überreich möbliert, bald sehr hell, dann wieder hinter halb zugezogenen Vorhängen dämmernd.
Den langen, stürmischen Schritten Cosimas kann die kostümierte Carrie kaum folgen.
Cosima redet mit Pausen auf das Mädchen ein.

COSIMA
Ich mußte Ihren Besuch ankündigen. Eine Überraschung wäre unzumutbar, in seinem derzeitigen Zustand.
Alles reizt ihn.
Das schlechte Wetter ist schuld, hoffen wir.
Es wird ihn freuen, daß Sie in der Zwischenzeit so hübsch Deutsch gelernt haben.

Sie stehen jetzt beide vor der dunklen Tür zum Atelier.

COSIMA
Ihr Kostüm ist reizend.
Haben Sie Angst?
CARRIE
Ja, ein bißchen.
Nein: sehr!

Cosima
Nicht doch. Wovor?

Sie drückt sehr langsam die schwere Klinke herunter.

Atelier. Tag.

Die schwere Klinke sinkt, die Tür öffnet sich nach innen und teilt wieder die bekannte rote Portière. Sacht schiebt Cosima Carrie Pringle in den halbdunklen Raum.

Cosima
Da ist sie.

Wagner und Carrie stehen sich eine Weile stumm und in Distanz gegenüber.
Daß Wagner ihr sehr gealtert und hinfällig vorkommt, kann sie kaum verbergen. Er selbst versucht seine Rührung und Verlegenheit sofort wieder zu überspielen.

Wagner
Da schleichen Sie also durch Venedig, sorgfältigst verkleidet, wie ich sehe, und hatten allen Ernstes vor, nicht vor mir zu erscheinen.

Sie geht zu ihm hinüber, stellt sich auf die Zehenspitzen – was sie gar nicht nötig hätte – und drückt ihm einen Kuß auf die Stirn.

Wagner
Carrie, wir sind in dem letzten halben Jahr beide sehr alt geworden.
Sie aber auch!

Erst jetzt wird, mit einigem Geräusch, die dunkle Holztür geschlossen. Carrie blickt, fast entsetzt, auf die zusammenschwappende Portière: Cosima ist verschwunden.

Der dunkle Saal. Tag.

An der Mittagstafel sitzen nur Malwida, Daniela, Fidi und Cosima. Dazu Wagners unberührtes Gedeck am Tischende. Cosima blickt starr und geistesabwesend vor sich hin. Fidi zeichnet lässig und mit erstaunlicher Eleganz in einen kleinen Zeichenblock neben seinem Teller.

DANIELA
Wenn Papa da wäre, würdest du nicht bei Tisch zeichnen.
FIDI
Wenn Papa da wäre, könntest du auch nicht bei Tisch die Aufsicht führen.
DANIELA
Die Aufsicht hat Mama.
MALWIDA
Und ich.
FIDI
Mama sieht und hört nichts. Wie immer, wenn Papa nicht zum Essen kommt.
COSIMA
Ich sehe und höre, wie du dich benimmst, wenn du ganz und gar unbeaufsichtigt zu sein glaubst.

Sie nimmt Fidis Block, reißt das oberste Blatt heraus und zerreißt es.

MALWIDA
Cosima. War das nicht doch übertrieben?
DANIELA
Nein.

Passage durch einige Palasträume. Tag.

Der Diener Schnappauf, bemüht, nicht in allzu unwürdige Eile zu verfallen und sich im Laufen auch noch in die Livree zu zwängen, bewegt sich vom Atelier aus auf den Saal zu. Seinen Laufschritt verlangsamt er einige Meter vor der Tür zum Saal.
Er ringt um Atem und Fassung.

Der dunkle Saal. Tag.

Offenbar ist Schnappauf, gegen seine Absicht, doch zu hastig in den Saal eingedrungen.
Er steht benommen in der Tür, alle Augen sind auf ihn gerichtet.

SCHNAPPAUF
Es ist – wieder – es ist eigentlich nur der übliche Anfall. Aber – er hat den Arzt rufen lassen, diesmal, und das hat der Herr Wagner noch nie –

Cosima ist schon, scheinbar beherrscht und gefaßt wie immer, aufgestanden.

COSIMA
Excusez.

Sie geht, immer noch scheinbar ruhig und sicher, auf die offene Tür zu, schlägt dort aber, als wäre sie blind, mit dem Kopf gegen den in den Raum stehenden Türflügel.

Atelier. Abend.

In dem venezianischen Parsifalzelt sitzt auf dem rosa Todeswunschsofa Cosima, die Leiche des vor Stunden gestorbenen Richard Wagner auf ihren Schoß gebettet: ein Pietà-Bild.
Das unbewegliche Bild erscheint zunächst, rechts und links durch die rote Portière wie durch einen Theatervorhang begrenzt, sehr irreal, inszeniert.
Dann sieht man, aus Cosimas Blickwinkel, die Zuschauergruppe Malwida, Daniela und Fidi, alle in Schwarz, in der geöffneten Tür und aufgeschlagenen Portière stehen und langsam nach rückwärts sich nach draußen entfernen. Schnappauf schließt die schwere Tür.
Cosima hat die Augen nur kurz und spaltweise geöffnet, um die vier Menschen verschwinden und die Tür und Portière sich schließen zu sehen.
Um sie und den Toten brennen die vierzehn Gedenkkerzen für die vierzehn gemeinsamen Jahre.
Sie hält die Augen wieder fest geschlossen.

Cosimas Stimme
Man sollte mir glauben, was niemand weiß: ich habe an diesem Tage inständig versucht, ihm nachzusterben. Und in den ersten Stunden lebte ich in dem Wahn: es gelingt mir. Ich wollte nichts mehr wollen. In Indien halten die Heiligen den Atem an, löschen sich selbst den Puls aus, ohne alle Gewalt.
Unser Lebensziel war – der gemeinsame Tod. Vierzehn Jahre hatte ich Zeit, mich auf diese Aufgabe vorzubereiten.
Ihn zu überleben, war eine Katastrophe.

Sie öffnet die Augen, die wilde, strenge Starrheit ihrer Haltung lockert sich. Behutsam, aber auch entschlossen zieht sie ihren Körper unter dem Körper des Toten heraus, der auf dem Sofa jämmerlich in sich zusammensackt.

Sie bettet ihn ordentlich zurecht, mit Mühe und Energie.

Cosimas Stimme
Hundert Jahre wollte er alt werden, das sagte er noch vor drei Tagen – und jetzt: nicht einmal siebzig, nicht einmal siebzig!
Seine ganze Familie wollte er auf dem Totenbett noch zum Lachen bringen, das hat er uns auch versprochen – der Narr. Und jetzt –
Würde er, an meiner Stelle, jetzt lachen?

Sie beginnt, die über den ganzen Raum verteilten Gedenkkerzen zu löschen, einige blasend, andere mit kurzen, entschlossenen Schlägen der Hand, deren berußte Innenfläche sie einmal kurz betrachtet, als müßte sie sich wundern, daß die Haut nicht schmerzt.

Cosimas Stimme
Vierzehn Jahre, zwei Monate und vier Wochen hat es gedauert, unser Zusammenleben, keinen Tag länger, ich habe es nachgezählt, jeden Abend. Aber selbst ich war nur selten so verblendet, so phantasielos, diese vierzehn Jahre schlichtweg ein Glück zu nennen, diesen ständigen Kampf, unsere unermüdliche Nachsicht, diese furchtbare Unzertrennlichkeit.
Gemeinsam sterben, wie hatten wir uns das nur vorgestellt?! Schwärmerei. Nichts hatten wir uns vorgestellt. Wollten wir uns etwa an den Händen fassen und einfach fallen lassen, in die Grube, in die Gruft –?
Oder von unserem rosa Sofa sanft kopfüber ins warme Badewasser –
Wie kindisch. Lächerlich.

Sie hat die letzte Kerze ausgeschlagen und bewegt sich tastend im Dunkeln auf Portière und Tür zu.
Als sie die Tür öffnet, fällt noch einmal eine Lichtbahn in den Raum, auf das Sofa, den Toten.

Auch Cosima blickt noch einmal zurück, nüchtern.

Cosimas Stimme
Zunächst dachte ich wirklich, dieses Weiterleben, dieses Richard Wagner Überleben wäre die Schande meines Lebens, eine Blamage und Katastrophe.
Aber – ich war einfach kräftiger als er, immer. Nichts konnte mich umbringen, nicht einmal ich selbst.

Sie hat die Tür geschlossen, fast zugeschlagen.

Passage durch einige Palasträume. Abend.

Diesmal läuft Cosima durch die Raumflucht nicht mehr ekstatisch oder fahrig oder übertrieben eilig, sondern nüchtern, gleichsam neutral, in keiner erkennbar und deutbar besonderen Stimmung.
Die Witwe Wagner passiert wieder durch überreich möblierte und durch fast kahle Räume. In einem der ersteren erkennt man Daniela und Fidi, die gegeneinander Halma spielen, in einem weiteren Malwida über einem langen Brief, in einem dritten Schnappauf schwitzend, ohne Livree, Hosenträger über dem Hemd – also die realen, in Venedig anwesenden Figuren. Während in den kahlen Räumen einige Personen aus der Vergangenheit der Vorübergehenden nachblicken, Bülow und Nietzsche, beide über Zeitungsränder hinweg, die wieder einmal schluchzende Vreneli und der ernste Diener Jakob, der treue Hund Ruß, den die ratlos lächelnde Judith Gautier umarmt.
Cosima geht blicklos an diesen Aufblickenden vorüber.

Cosimas Stimme
Der arme Professor Nietzsche, den ich für diesen Gedanken – ja, regelrecht haßte, der arme Professor Nietzsche wollte mir einmal weismachen, es gebe nur eine ernst zu

nehmende Moral, die Moral unseres Leibes, diesen verdammten Lebenswillen dumpf unterhalb unseres Willens, dieses stumme Befehlen und dunkle Gehorchen tief unter unserer Haut – das nannte er: Moral.
Was ist das für eine Schweinephilosophie! dachte ich, damals, bin aufgestanden und habe den armen Professor Nietzsche sitzenlassen mit seiner Cochonerie, seiner »Moral«. Aber er könnte recht behalten haben, in meinem Fall. Ich war stärker als Richard, immer. Das ist keine Schande.

Cosimas Schreibtisch. Abend.

Cosima ist in einen kleinen Raum getreten, in dem in einer Ecke, genau wie in dem »Haus am See« und in »Wahnfried«, wieder ihr Schreibtisch steht, über dem der bekannte Spiegel hängt.
Vor dem Spiegel schneidet sie sich mit wenigen entschlossenen Schnitten das Haar kurz und drapiert sich dann über diesen Witwenhaarschnitt den Witwenschleier.

Cosimas Stimme
Ich hoffe nur, ich habe es ihn nicht zu oft, nicht tagtäglich spüren lassen, wie stark ich war, wieviel stärker als er, und daß ich leben wollte, leben würde weit über ihn hinaus. Schließlich: Vierzehn Jahre lang habe ich ihm, habe ich Richard Wagner das Leben gerettet. Aber als nichts mehr zu retten war, hat sein Tod mich zum Leben verurteilt.
Zu einem herrlichen Leben übrigens, ein halbes Jahrhundert lang. Nein, dieses neue, zweite Leben ein Unglück zu nennen, das wäre eine Dummheit, eine Undankbarkeit, eine Geschmacklosigkeit gewesen, eine fromme Lüge.

Die Witwe Wagner hat schon vor dem Ende dieses Bekenntnisses ihren Schreibtisch, den Spiegel und den Raum verlassen.

Zwei Wendeltreppen, ein Orchestergraben, die Bühne. Nacht.

Sehr leichtfüßig eilt die verschleierte Cosima durch die Klänge des Götterdämmerung-Finales eine Wendeltreppe hoch, durchquert einen Orchestergraben, in dem nur matt beleuchtet Notenständer, Noten und Instrumente zu erkennen sind, eilt eine weitere, kürzere Wendeltreppe aufwärts, aus der heraus sie auf eine hinter geschlossenem Vorhang nur von trübem Arbeitslicht erleuchtete Bühne tritt.
Der Baß sinkt vor ihr in die Knie: der schwarze Hagen. Sopran und Mezzosopran tauchen Hand in Hand in Hofknickse hinab: die leuchtende Brünnhilde und dunkle Gutrune.
Jäh hebt sich der Vorhang, das Arbeitslicht erlischt, ein Spotlight erfaßt die Szene: Cosima, nun mit gelüftetem Schleier, in strahlender Apotheose mit Baß, Sopran und Mezzosopran, vor dem großen Prospekt eines Dokumentarphotos aus ihrer zweiten Lebenshälfte, inmitten ihrer Familie und Leibdirigenten, im Kreise fürstlicher und illustrer Besucher vor dem Festspielhaus in Bayreuth.
Das Götterdämmerung-Finale bricht jäh, vor seinem Ende ab.
Über dem stummen und erstarrten Bild die Schrift:
COSIMA WAGNER HAT RICHARD WAGNER 47 JAHRE ÜBERLEBT